行列のできるクリニック

反東大樹

いパブリッシング

行列のできるクリニック 目次

序章
情報発信の重要性を認識する

第1章
独自性、専門性を打ち出す

第2章

ターゲットを明確化して差別化を図る

第４章　立地条件、医療機関ネットワークを最大限活用する

第5章

患者さんとの信頼関係を確立する

第6章

患者さんを救うための「バンドウ式医療マーケティング」

序章

情報発信の重要性を認識する

患者さんはあなたの力を必要としている

「体調が悪いけれど、どこへ行ったらよいのかわからない」

「この前診てもらった先生はとっつきにくくて、聞きたいことも聞けなかった」

「評判を聞いて行ってみたけれど、説明もよくわからず、本当によくなるのか不安……」

病気や不調、心身の悩みを抱えた患者さんは、常に自分に合った医師を探しています。

でも、本当に探し求めている医師にめぐり会うのは、そう簡単なことではありません。

ここぞと思って病院やクリニックに行ってみても、何となく求めていた医師とは違う。治療方針も十分に理解できない。その結果、本当によくなるのだろうかと不信感に苛まれ、治療どころではなくなることもなきにしもあらず……というのが現実です。

全国の歯科医院の数は、今やコンビニの店舗数よりも多いことはよく知られています。医療機関はそれ以上にたくさんあって、患者さんにとって自分に合う医師を見つけるのが難しくなっているという現実です。

それなら「何でウチに来ない?」と、居ても立ってもいられない思いを抱いている院長先生もいるかも知れませんね。

でも、治してほしい患者さんに手を差しのべたいなら、ただじっと待っていても、患者さんはなかなか見つけ出してはくれません。

クリニックさえ構えていれば、患者さんは自然と来てくれるだろう。こちらから言わなくてもわかってくれるだろう、などというのは幻想です。

患者さんにとっては、医療機関側の情報や知識などは、ほとんどないに等しいと言っても過言ではありません。よく病院ランキングの本なども見かけますが、これらは、送られてきたアンケートに医療機関が記載したものをランキングにしているだけで、本当の意味のランキングでないことは、患者さんも薄々気づいています。

そんな不確かな情報しかない状態で、患者さんは医師を、クリニックを選ばなければなりません。それだけ、自分を救ってほしいという気持ちがより強まっているのではないでしょうか。

そんな患者さんに向けて、積極的に情報発信をすることが何より重要です。クリニック側からメッセージを発信しない限り、情報も思いも伝わるはずがありません。

いくら腕がよい医師だろうと、どんなに優秀であろうと、患者さんに情報が届かなければ、気づいてもらわなければ、救ってあげることはできないのです。

ネット上であっても、患者さんと接触の機会を持つことができれば、患者さんに親近感や信頼感が生まれるきっかけにもなり、診察を受けてみたい、助けてもらいたいという気持ちが強くなるはずです。

常に更新して、最新情報を告知する

「情報発信といっても、いったいどうすればいいのか？」と、困惑してしまう人もいるかもしれません。

でも、今このインターネット社会、やろうと思えば、誰でもいつでも自分から簡単に情報を発信することができるのです。

その核となるのが、ホームページです。たいていのクリニックが自分の医療機関のホームページを持っていると思いますが、まだ作っていないなら、すぐにホームページを開設してください。

というのも、これがなかったら、医師を探している患者さんがあなたのクリニックを見つけようがないからです。

ひと昔前なら「医院の看板を見て」とか、「タウンページで調べて」来院する患者さんが多かったものですが、今は、それだけで治療を受けに来る人はほとんどいません。

まずホームページありき、なのです。たとえ看板を見ても、口コミで聞いたとしても、インターネットで検索して、どんなクリニックか、どんな先生か……をチェックしてから、診てもらうかどうかを決めるというのが、もっとも一般的なケースと言えます。

もちろん、「こんな症状に悩んでいる」とか、「この病気を治してほしいから」などと、その分野に強い医師、評判のよい医師を探すために検索をして、多少遠くても、診察を受けに行くことも少なくないでしょう。

いずれにしろ、自分に合う医師を見つけている患者さんに知ってもらうには、検索をして探してもらわないといけません。こうして探してもらって初めて、こちらの情報を伝えることができるのです。

「うちは、ホームページあるから大丈夫」

と言う人もいるかもしれませんが、それなら、最近ホームページを更新しましたか？

「ちゃんとしたものを作成したから、一度も更新したことがない！」などと言っているようでは、せっかくのホームページを十分に活用しているとは言えません。

情報発信はたくさんするほど、多くの人の目につきやすくなります。

クリニックからのお知らせ、イベント、季節の健康情報……どんな内容でもかまいませんので、常に告知をする習慣をつけるようにしましょう。まずは、何でもいいから患者さんに情報を届けることが重要です。

特に、院長や医師のメッセージは必ず入れるようにしましょう。できれば、ブログなどを通して、医師の声をひんぱんに伝えることが、とても効果的です。というのも、ホームページへアクセスした患者さんは、何より医師の言葉が気になります。その言葉によって親近感や信頼感を覚え、診てもらいたいと思うものです。

「ブログを更新している時間がない」「医師は医療のことだけ考えていればいい」……確かに医師が一番注力すべきことは治療であり、適切な治療によって患者さんを救うことかもしれません。

ただ、その患者さんを救うために、自分が行う診療内容や医療、患者さんへの思い、人間性などを知ってもらう必要があるのです。

それには、情報をたくさん発信することが重要です。発信の数こそ、患者さんに認知され、クリニックに来てもらうキーポイントと言えるのです。

ホームページはトップページ次第！

クリニックのホームページを作ってみようと思った人、またホームページを開設したけ

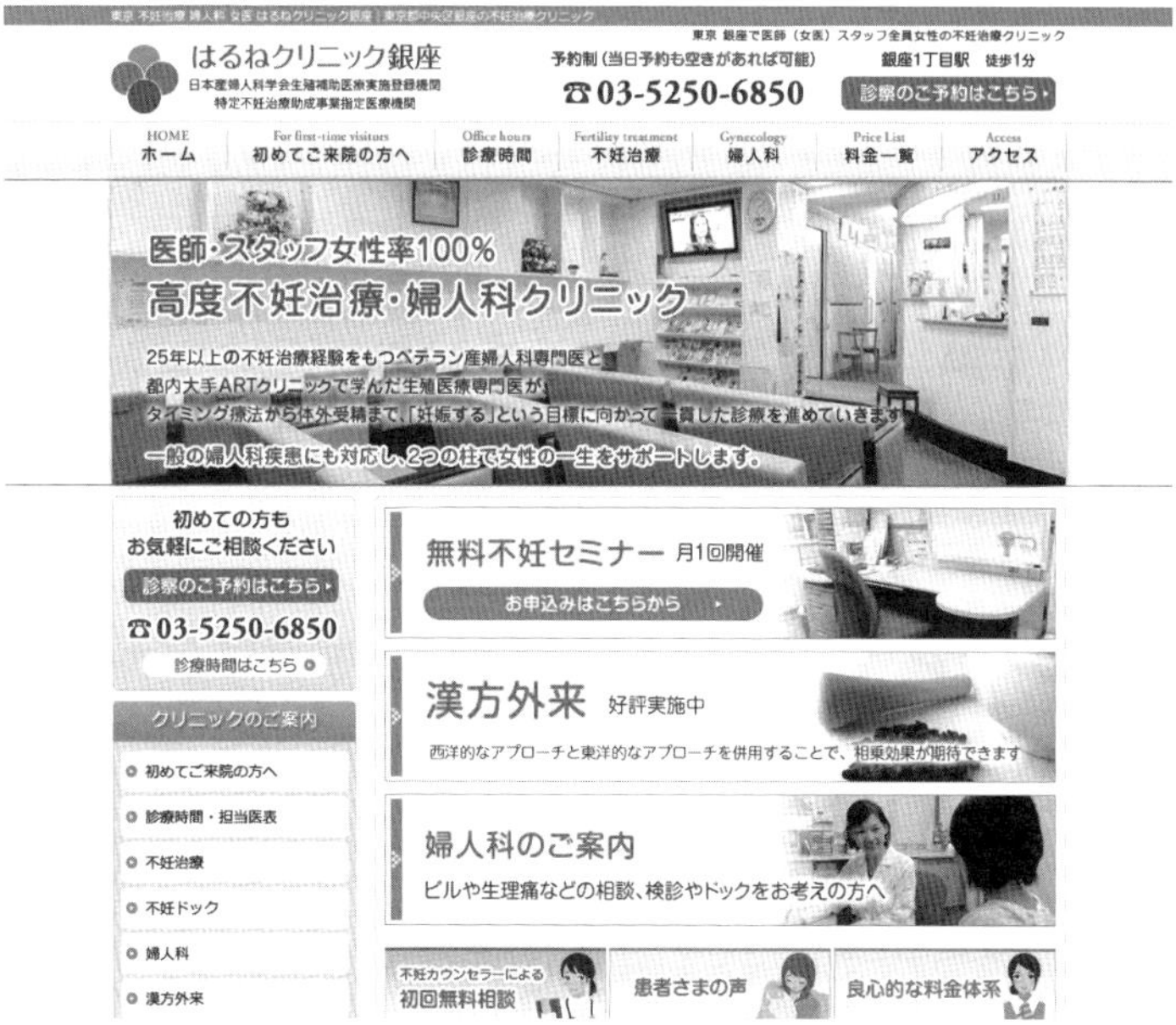

はるねクリニック銀座のホームページ

れど更新などしたことはないし、今ひとつアクセス数が少ないとふだんから感じている人も多いのではないでしょうか。

医師を探している人との大事な接点となるホームページです。できることなら、反響の大きいもの、つまり見た人が思わずページを次々と繰ったり、じっくり読み込んだりして、ここに行ってみたい、診療を受けたいと思ってもらえるものにする必要があります。

ホームページの制作については後ほど述べますが、反響をよくするためには、何と言ってもトップページの出来が重要です。

それというのも、ホームページにアクセスした人がそのホームページを見てみようと判断する時間は、たったの3秒というデータがあります。

アクセスした人をホームページに留まらせ、治療への関心を喚起してクリニックへと導くか、あるいは、入り口をのぞいただけでよそへと去ってしまうかは、トップページの出来次第と言えるでしょう。

見やすく情報量が豊富なレイアウト、分かりやすく患者さんにダイレクトに伝わるキャッチコピーなどいくつかポイントがありますが、特に、情報にかなり前の日付が記されていたり、写真も暗めの雰囲気だったりというのはタブーです。

トップページには、クリニックが訴求するべきものをできるだけ記載し、その1ページだけで完結させる形にすることが、医院へのコンタクトを増やす効果があります。

よくトップページにリンクを貼り、誘導したサブページから問い合わせをさせるケースがありますが、これは効果的とは言えません。というのも、わざわざサブページまで移行する割合はそれほど高くはないからです。しかし、ページ数が多くなる場合は仕方がありません。

もちろん、医院に興味を持ってくれて、ホームページのすみからすみまで見てもらえれば問題はありませんが、それは稀なケースかもしれません。電話番号、お問い合わせフォームなど問い合せ先の情報は必ずトップページに入れるというのは、医院に来てもらう足がかりとなる大きなポイントの一つと言えるでしょう。

広告を活用してアクセス数を増やす

ホームページを作ったからといって、当然のことながら、その日から問い合わせが殺到するなどということはあり得ません。

ホームページを持つことで、医師を探している患者さんに認知される可能性が高まります。ホームページも、SNSなどもまったく使わず、医院を構えてただ患者さんが来るのを待つだけというのに比べ、無限の広がりがあるネット上に看板を掲げているのですから、大きな違いです。でも、より多くの人にホームページにアクセスしてもらって、もっともっと医院を知ってもらう方法があります。

医院のホームページにアクセスする場合、いきなり医院名を入力して検索するというのは特殊なケースです。この場合は、近所で見かけたからとか、誰かに紹介されたからとか、すでに医院のことを認知していることがほとんどのはずです。

そうでないケース、つまり、まだ知らないけれど自分に合ういい医師を探そうとしたら、まず「〇〇駅付近　歯医者」とか「糖尿病　名医」などと、キーワードで検索してみるのではないでしょうか。

検索結果は、該当するものがたくさん表示されることがほとんどです。検索するワードによっては、何ページにもわたって表示されることも少なくありません。〝〇〇駅周辺にたった1軒しかない歯医者〟だったら、すぐにホームページを見てもらえることになりますが、何軒も表示される中でアクセスしてもらうには、少しでも上位に表示されること、これが、大きな決め手になります。

もちろん、検索結果に表示されたすべてにアクセスをして、全部の医院をくまなくチェックする……という人もいるでしょうが、上位にいた方が有利であることに間違いはないでしょう。

検索エンジンの上位に表示させる対策のことを「SEO対策」といいますが、上位にいるほど見込み客（患者）からのアクセスが多く、成約（来院）に結びつきやすくなります。

自分でできる方法としては、情報をこまめに発信するということが有効です。情報の数が多いほど、上位表示される可能性は高くなります。

また、ページ数を増やしたり、ページごとにキーワードを想定した内容にしたり、ブログを掲載したり、さまざまな方法がありますから、この対策を意識してホームページを作ることも大切です。

さらに「リスティング広告（ＰＰＣ広告）」を活用するという方法もあります。

これは、ほとんどの人が目にしたことがあると思いますが、検索結果の最上位に表示される広告のことです。検索する人の見込み度が高いため、成約に結びつく可能性が大きいのが特徴です。ただ、広告である以上有料になりますが、上手に運用すれば、ＳＥＯ対策よりも中長期的に安定して集患がしやすくなります。

患者さんに知ってもらうためには、情報を発信する数が重要と述べましたが、ブログやフェイスブック、ツイッターなどのＳＮＳもどんどん活用し、ホームページに誘導するようにしていけば、さらにアクセス数が増えて効果がアップします。

マーケティングで患者さんのニーズを知る

ホームページを作り、広告を活用するなどの対策を施していけば、自分を救ってほしいと願う患者さんに知ってもらえる確率は、劇的に高まります。

ホームページを見た患者さんに、「この先生なら」「この医院なら」と思って来てもらうためには、実は最初にやっておくべきとても大事なことがあります。

それは、マーケティングです。

マーケティングと言うと、お金を儲けるための調査というイメージが強く、今も医療業界にあっては眉をしかめる人が少なからずいるようです。

でも、あなたがどんなに腕がよく、志を高く持っていようとも、来院する患者さんが増えず経営に苦しんでいたら、患者さんを助けたいという大義を全うすることなど望めません。これでは本末転倒です。

私は、そんな事態に陥ることなく、より多くの患者さんを救うためにマーケティング手法を活用してほしいと願っています。

マーケティングは、患者さんのニーズを知ることです。そのニーズにいかに応えていくかが大切です。医院からの情報をキャッチした患者さんに来院してもらうためには、このマーケティングが不可欠です。

マーケティングをベースにした医院づくりを進め、それに沿ったホームページを作成する必要があります。マーケティングを行わずにホームページを作成しても、自分の理念ばかりを載せる押しつけがましいものになってしまいがちです。これでは、とても共感など得られるはずがなく、患者さんに来院してもらうのは難しいでしょう。

来院してもらえないのは、医師からのメッセージが、ちゃんと患者さんに届いていないからです。

本書では、人気クリニックが行っている独自のマーケティングを参考に、ブランディング力やコミュニケーション力を強化し、患者さんにメッセージをきちんと伝え、あなたの力を必要としている人に来院してもらい、ひとりでも多くの患者さんを救うことを目的としたマーケティング手法について述べていきます。

第1章

独自性、専門性を打ち出す

患者さんが行きたいのは専門医、名医のいるところ

患者さんが探しているのは、どんな医師だと思いますか。一体どういう基準で、自分に合う医師を見つけ、診察を受けようとしているのでしょうか。

「聞くまでもないだろう？　腕のいい医師に決まっている！」

そんな声が聞こえてきそうですね。

確かに、自分を救ってもらいたい、と思っている患者さんは、腕がよくてちゃんと治してくれる医師を探しています。「私、失敗するかもしれないので……」などと言われたら、診てもらおうという気が起きるはずがありません。

インターネットから医師や医院を探す場合、「歯医者　名医」とか「白内障手術　得意」「糖尿病　専門医」などのように、「名医」「専門医」というキーワードで検索している傾向があるのです。

多くの人たちが「専門医」や「名医」を知りたがっているということが、容易に推測できます。もちろん、検索する人のすべてが患者さんとは限らないでしょうが、多くの人がそうやって医師を探しているのです。

私がお話をうかがった人気医院の先生のほとんどが、医院が成功する要因は「特化すること」と口をそろえて言います。

専門性を打ち出すことは、患者さんのためには非常に有効です。

例えば、ただ「一般内科。何でもできます！」と言っても、なかなか伝わりにくいものです。アピールしにくく、わざわざ医院に行ってみる理由にはなりにくいかもしれません。

それより「糖尿病が専門です」「生活習慣病外来。睡眠障害に実績」などと打ち出すと、訴求効果は絶大です。強みがあるということは、患者さんから信頼感を持たれやすく、「それなら行ってみようか」というモチベーションになり得るからです。

もちろん、糖尿病を打ち出していても、風邪の患者さんもやって来ます。他をすべて切り捨てているわけではありません。

専門性を打ち出すこと、特化することは、その他大勢の中に埋もれないことです。自分が来てほしいと思う患者さんが来てくれることになりますから、大いに腕を発揮できることになります。また、患者さんにとっては、自分が探している医師を見つけやすくなることにつながります。しかも、経営的にも安定してくるとなれば、これから自分の医院をどう展開していくか、もう一度しっかり見つめ直したいところです。

小学5年生でも分かる表現で

専門性、独自性を打ち出すには、積極的にアピールしていくことが大事です。患者さんと直に接する場合でも、ホームページなどを通して情報発信をしていく場合でも、一番のポイントは、わかりやすく伝えるということです。いくら熱心に訴えても、言っていることを理解してもらえなければ、まったく伝わりません。

医師の皆さんは、医学的なことは正しく伝えなければいけないという義務、あるいは使命を感じているのでしょう。

どうしても専門用語をいっぱい使ってしまったり、つい論文調の難解な表現になってしまったりすることがあるようです。これでは、医学の知識のない普通の人たちには届きようがありません。

私が、よく医師にアドバイスしていることです。小学校5年生くらいに伝えるようなイメージで伝えましょうと。やさしい言葉を使って、誰でも理解できるように伝えることを意識することが大切です。

でも、医師は元々優秀な人が多いですから、相手が何が分からないのか理解できないということも少なくありません。そんなこと言わなくても分かるだろう…と、つい説明不足になってしまったり、難しい言葉を使ってしまったりしがちです。

それに、医師の周りには同業の頭のよい人が多いためか、「そんな幼稚な表現ばかりしていたら、馬鹿にされるんじゃないか」というプライドのようなものが、チラチラと見え隠れすることもあるようです。

上手な情報発信が〝名医〟を作る

患者さんは「名医」「専門医」を探していると述べましたが、専門医はともかく、名医を探すというのは簡単なことではありませんね。

それはそうでしょう。いったい「名医」とは、どんな医者のことでしょう。それを判断する基準は何なのでしょうか。

そんな基準の曖昧なものを見つけるのは、簡単なはずがありません。

インターネットで「名医」と検索すると、必ず「名医ベスト○○」とか、「名医ランキング」などのポータルサイトが出てきます。これらも、先ほどの「病院ランキング」の本などと同様、根拠がはっきりしていませんし、うさん臭いと感じている人も多いのではないでしょうか。

目的をはっきりと持っている人は、そういうランキングなどを盲目的に信じるよりは、自分なりの基準で、自分に合った医師を探そうとすることでしょう。普通は、口コミ情報から、あるいは地域、病気、症状などから検索してヒットした医院や医師をホームページでチェックし、どんな治療を受けられるのか、どんな医師なのか見極めようとします。

だからこそ、医師からのメッセージが重要なのです。それは、難解な一人よがりなものでなく、患者さんに伝わりやすいメッセージであることが求められます。

診療科目やアクセス中心の紋切り型のカタログ的なホームページよりも、医師のメッセージやQ&Aを載せたり、例えば、医師の特化した知識をブログに立ち上げたりするだけでも、患者さんの捉え方は違ってきます。生の声が伝わると、「この院長さん、いい先生みたい。診てもらおう！」と判断される可能性は高くなります。

それぞれの患者さんの判断基準に合う「名医」は、こうして見つけられるわけです。情報発信のやり方次第で、患者さんが探している「名医」となることができるのです。

とはいえ、メッセージを見てもらうためには、目に止まりやすくする工夫が必要です。序章でも触れた通り、情報発信を多くしていると検索結果の上位に表示され、他院のものより確実に人々の目に止まりやすくなります。

見る人が多くなれば、医師の思いも伝わります。まだ医師本人が発信していることはそれほど多くないので、やれば必ず患者さんは来てくるはずです。

私がプロデュースを依頼された場合は、ホームページのページ数、文字数、キーワード数、更新数などをトータルした発信の数に、閲覧した人のクリック数などを合わせて、上位に上げていきます。それが私のネット集患の手法の一つです。

「名医」で検索されるなら、ホームページ中に「名医」という言葉をたくさん入れれば…、という人もいるかもしれませんが、検索エンジンのチェック機能は、そう単純なものではありません。

でも、自分で「名医」と謳わなくても、生のメッセージを届けることで、「いい先生みたい」と思ってもらうことができます。その上で、実際の診察を通して、自分に合った名医と判断してもらえることが、もっとも確実かつ有効なのではないでしょうか。

ニッチ分野でも、情報の細分化・特化で行列は作れる

診療科目は、より細分化して専門性を打ち出した方が、患者さんに見つけてもらいやすくなります。先ほども言ったように、ただ漠然と「内科」を標榜するよりは、「糖尿病専門医」「喘息専門」「ダイエット外来」など、できるだけ細分化させて専門性を謳うと、効果がより一層高まります。

それが難しいなら、ホームページの見せ方だけでも「○○専門」などと特化型にするのがよいでしょう。それでも「内科全般」もアピールしたいというのなら、「一般内科」とした上で、「○○が得意」と大きく入れるとか、最近では、ホームページを2本立てにするというケースも増えています。例えば「一般内科」と「糖尿病専門」と、別々にホームページを作るのです。

現実には、患者さんがホームページで「一般内科」というのを検索して受診するということはあまりありませんから、経営的に向上するためには、細分化した科目、専門、得意分野を打ち出すことは必須と言えます。

中でも「こんな診療科でも受ける人いるの？」というようなニッチな分野は、反響があ

ります。

例えば、**成功クリニック院長インタビュー①**で紹介する**シゲトウクリニック**では、〝遠隔診療の〝GLP-1ダイエット〟を打ち出し、糖尿病の専門医によるダイエット外来が人気を集めています。特に〝スカイプ〟を使って来院しなくても受けられる診察、指導は、多忙でクリニックへ通う時間がない人、体重過多で運動できない人、年齢的にやせにくくなってきた人などに支持されています。

こんな最先端分野や診療面でのニッチさは、まだそう多くはありませんが、医院間の競争が激化している時代、競争力の強化のためには有効と言えるでしょう。

ただ、ニッチ分野を標榜するなら、立地や競合他院などは十分考慮する必要があります。10年先なら注目されそうな飛び抜けたことにチャレンジして、受け入れられるのか。マーケティングを慎重に行う必要があります。

いきなり最先端に特化するほど思い切れないというのなら、やはり訴え方を変えることが、マーケティング的にも効果があります。ホームページを変えることで、効率よく最先端に見せる……ということは可能です。

〈成功クリニック院長インタビュー①〉
シゲトウクリニック院長　重藤誠

糖尿病専門医が行う遠隔診療のダイエット法を全国展開

▽安全で簡単なダイエットの選択肢を示す

坂東　まずは、クリニックを開業されたきっかけからお聞かせください。

院長　私は6年半ほど英国オックスフォード大学で研究員をしていたのですが、帰国の少し前から、日本では糖質制限などのダイエットがもてはやされていて。危険な薬や、これは危険、何とかしなきゃ、という問題意識があったんです。

坂東　間違った方向に向かっていると、思われたのですか。

院長　そう、病気を誘発する方向に行っているなと。ちょうど研究が一段落した時期でもあったので、私がずっと研究を続けてきた〝やせるホルモン〟GLP-1を使ったダイエット外来をやろうと思いました。危険なダイエットが流行っている中で、一つの安全な選択肢を示したかったのです。

坂東　やせなきゃいけない人たちを救いたいと…。

院長　特に、なかなか運動ができない中高年の方たちですね。やはり時間がなかなかとれなかったり、運動で身体を壊したりする危険性がある方たちが中心になります。このダイエットなら、激しい運動を伴わずに、1日1分の自己注射ですみます。特に遠隔診療を利用すれば、自宅はもちろんどこにいても、診療を受けていただくことが可能です。

坂東　その手軽さはありがたいですよね。ただ、GLP-1ダイエットって何？　という方がほとんどだと思うのですが。

院長　一人ひとりに合わせて処方されるGLP-1を投与するだけで、自然に食欲が抑えられてやせられます。嗜好も変わるようで、ジャンクフードなんかも、あまり食べたくなくなりますよ。この薬は糖尿病の治療にも一般に使われているものですから、安全性が高く、リバウンドもないのがメリットです。やせるために何かを犠牲にしたり、我慢したりする必要がないので、期待以上に患者さんの満足度は高いですね。

坂東　先生は、糖尿病の専門医ですしね。
院長　ええ。現在も日本バプテスト病院で、患者さんを診ています。

▽スマホでも診療、待ち時間ゼロ

坂東　自宅でも受けられる遠隔診療というのは画期的ですよね。
院長　自宅だけでなく会社でも、車の中でも、どこでも受けようと思えば受けられます。ただ、遠隔診療そのものが始まったばかりなので、まだそれほど多くの医院でやっていないかもしれませんね。私の患者さんはスマホで受けられている方がほとんどですが、予約の時間にアプリを起動して、その場で話ができます。
坂東　診療内容も、診療の形態も最先端というわけですね。治療プランの説明とかもじっくりされるのでしょうか。
院長　一般的なことは動画で見られるようになっていますが、通常は、個別の指導を行っています。マンツーマンで、主に食生活やライフスタイルなどについて患者さんの情報を引き出しながら、「こうした方がいいですよ」と提案をするわけです。「どういうものを食べていますか」とか、「どういう生活をしていますか」などと聞いていきながらですね。私はいろいろな食餌療法も勉強しましたから、そういう指導も行っています。

坂東　遠隔診療ですと、予約している時間通りに起動するので、待ち時間もなくてすむわけですよね。

院長　待ち時間はほぼゼロ。待ち時間対策という、今までクリニック運営で非常に課題になっていたところを一気に解決できています。遠隔診療は、最高の待ち時間対策かもしれませんね。効率が、圧倒的に違いますよ。時間的に効率よく半分以下にできますから、同じ時間なら、遠隔診療だと対面の診療の倍以上の診療ができることになります。

▽一度も来院せずに診療することが可能

坂東　スタッフの方の負担は？

院長　遠隔診療ならウェブ上で予約が完結するため、オペレーターが必要ありません。

坂東　集患対策はインターネットや紙媒体、紹介、通りがかりとかいろいろあると思いますが、どのような割合ですか。

院長　ほとんどインターネットです。紙媒体をいくつか試しましたが、効果はほとんどないに等しいレベルです。9割以上はウェブですね。初期はとても苦労しました。インターネット広告の会社を数社試したのですが、新しい治療ということもあり、なかなかうまくいきませんでした。しかしバンラボさんにしてから急激に問い合わせが増えました。

坂東　なるほど。立地条件は、どのようにお考えですか。

院長　全国から来ていただきたいということで、JR京都駅の新幹線口を基準にいろいろ探しましたが、けっこう大変でした。ウチに関して言えば、駅前のメリットはすごく大きいですね。関東から対面に見える方もいらっしゃいますし、県外からが割と多いですよ。

坂東　それもインターネットからですか。

院長　そうですね。インターネットで知って、問い合わせて来られます。関東からも新幹線でやって来られますよ。

坂東　やはり、絶対やせたいということで？

院長　そうですね。いろいろ試して、もうほかの方法がないというようなことで…。

坂東　基本は、こちらへ来なくてもいいのですよね。

院長　はい。初診から、遠隔診療が可能です。最近ではシステムがかなり改善され、最初から遠隔治療というのがほとんどです。

他院にはないレア情報を積極アピール

当然のことながら、どこでもやっているようなことばかりアピールしていては、患者さんは来てくれません。他院に行っても変わらないと言うなら、あなたのクリニックに行く理由がないからです。

患者さんに来てもらうためには、他院との差別化がとても重要です。最先端もニッチも細分化も、他と差別化されているからこそ、情報をキャッチしたら「行ってみよう」、「診てもらいたい」という気が起きるのです。

先ほどの遠隔診療のシゲトウクリニックの例もそうですが、**成功クリニック院長インタビュー②**で紹介する催眠療法専門の**大学通り武蔵野催眠クリニック**も、催眠療法に特化するという、あまり他に例を見ないクリニックです。催眠療法に適応のある精神疾患中心の診療により、まだオープン間もないクリニックですが、確実に患者さんの信頼を得て、集患の成果を上げています。

シゲトウクリニックの遠隔診療と糖尿病治療薬GLP-1によるダイエット、武蔵野催眠クリニックの催眠療法専門……と、どちらも他院にないレアな診療が集患のポイントになっていますが、共通しているのは、単なる変わりダネということでなく、誰もが参入しようとしてできる分野ではないということです。

糖尿病の専門医、しかもGLP-1の第一人者だからこそできる診療、師匠から習得する職人技にも似た催眠をベースに、マニュアル的な診療ではなし得ない療法。こうした裏付けがあってこその差別化、独自性であることは疑いようがありません。

もちろん、このように「この分野なら絶対負けない」というものがあれば、それをアピールしない手はありません。

とはいっても、別に特殊なものなどない。いつも来てくれる患者さんに対する、ふだんの診療が自分の得意分野、そう言って胸を張る医師が多いかもしれません。それは、何より大切なことです。でも、医師なら誰もがやっていることではないでしょうか。

実際、差別化ができているケースは、まだ多くはありません。だからこそ、今、それをやることが成功の決め手になるのです。

診療方針などを大きく変更しなくても、ホームページなどの見せ方次第で、差別化することは可能です。例えば、院長の人柄も、差別化の大きなポイントとなり得るのです。笑

オープンしたてで、明るく落ち着きのある待合室

顔の絶えない診察、親身になって悩みを聞いてくれる対応…患者さんに伝わる何かが必ずあるはずです。それをアピールしてみませんか。

「駅近くなので、お気軽にご来院ください」

こんな紋切り型のメッセージでは、これからは通用しません。患者さんは来ないと思った方がよいでしょう。

〈成功クリニック院長インタビュー②〉

大学通り武蔵野催眠クリニック院長　川嶋新二

大学病院ではできなかった、催眠療法を理想の環境で実現！

▽とにかく催眠療法をやりたい！

坂東　開業1周年ということですが、開業されたいきさつからお聞かせください。

院長　とにかく催眠をやりたかったというのが一番です。今まで、某大学病院で催眠外来はやっていましたが、そこでは精神科の常勤医は私一人でした。予定外のことにいろいろ対応しないといけないし、バタバタとストレッチャーが駆け抜けていったり、何かと慌ただしい。そんな中で、落ち着いた心理療法なんて難しいです。

坂東　催眠療法を行うには、理想の環境とは言えなかったということですか。

院長　そうですね。最初は精神科の一般診療を行っていて、半年後くらいから希望を出して催眠療法をやらせてもらうようになりましたが、病院としてはメンタルを前面に出すよりは、他の身体科の治療のサポートをしてほしかったのでしょうね。私が本当にやりたかったことからは少しずれていると言いますか…。

坂東　それで、独立という形を取ることになったのですか。

院長　はい。今も大学病院には半日だけ行って緩和医療に取り組んだり、催眠以外のことで大学のニーズに合わせてやっています。

坂東　催眠療法の特徴を簡単に言うとどういうことですか。

院長　簡単に言うのはとても難しいですね。基本的には、催眠療法には適応があって、パニック障害、社交不安障害、心的外傷後ストレス障害、解離性障害などを初めとする精神疾患のある患者様を中心に診療しています。人の意識のレベルにはいろいろあるのですが、ふだん自覚されない意識レベルで持っている治癒力のようなものに、催眠によってアクセスすることで解決策が見える可能性があるわけですね。もちろん、スキルや工夫が必要なのですが…。

坂東　難しいですね。どうしてもテレビなどでやっている催眠術のイメージが強くて。

院長　そうでしょうね。被験者のような人が催眠かけられてニワトリみたいに鳴かされて。

催眠は、基本的に催眠者と被催眠者の信頼関係がないとできませんが、ああいうのは特殊な状況で、被催眠者がどう反応すれば催眠者が喜ぶかみたいなのを無意識レベルで知っていて、ニワトリのように鳴いちゃったり…。初めから協力します、みたいなところがあって、必ずしも催眠者を信頼しているということではないと思います。でも、治療では琴線に触れるような自分の話を通して治療を進めるわけですから、怪しげな催眠術師の治療なんか誰も受けたくないですよね。よく誤解されるのは、こちらが何かを言って患者様側に植え付けるみたいなこと。実際はそんなじゃないです。いろいろな反応を見ながら、どんな暗示を与えると患者様がうまく反応してくれて治療につながるかと見立てながら進める。アドリブというか、そのときそのときでオーダーメイドでやっていきます。

坂東　オーダーメイドですか。

院長　一人ひとり見立てながらやるということです。こちらが一方的に言っても、その暗示は通らない。ちゃんとした見立てがあり、暗示の工夫があって、受け取ってもらえるのです。

▽遠方からの患者様も来院しやすく

坂東　受診される方は、どんなきっかけで催眠療法を受けようと思われるのでしょうか。

院長　インターネットで調べて来られる方がほとんどです。ご自分の病気や、病気でなくても対人関係上のストレスなどに催眠療法が使えないかと、適応について見て来られたり…。

坂東　ホームページで、直接ご自分で探す感じでしょうか。

院長　はい。ホームページを見て来院される方には、私が大学勤務していたということが、一つの安心感につながっているみたいですね。患者様が催眠療法を受けたいとき、大学病院の医師から探す、という話を聞いたことがあります。また、ウチのホームページ以外でも、たとえば「催眠」って検索してサイトを見ると、こういう病気が適応だということは書いてあると思うので、いろいろな形で調べていらっしゃるようです。

坂東　大体のことはわかって問い合わせて来られるのですね。

院長　そうとも限りません。たとえば統合失調症とか躁鬱病は催眠の適応にならず、禁忌とされることが多いのですが、そういう方からも電話が来ることもあります。適応があるかどうかはある程度電話で査定して、本当に遠くから来ようとされている方なら、その段階でお断りしたほうが親切かなと思っています。

坂東　そうなんですね。

院長　多くの場合は適応のある方から電話をいただくのですが、催眠なら速やかに治るみたいに期待が大きい。でも、少なくとも魔法みたいには治りません。しかし適応がある患者様には、催眠をうまく使えば多分ほかの治療法より早く治る、という言い方はします。

坂東　口コミで患者様が来られるということはありますか。

院長　基本的に精神科、心療内科は、口コミが少ない科なんです。催眠への期待度が高い分、遠くから来られる方が多く、インターネットが入り口になっている方がほとんどかな。

坂東　ホームページで、遠くから来られる方への説明とかも出すといいかもしれませんね。例えば、新幹線で到着してからのアクセスとか。遠方からの方へというアピールをすると、ここは遠くからも来ているのか…と。

院長　なるほど。ただ、大学病院で催眠外来をやっていたときの経験から、遠方からも来ることはわかっていたので、ここは中央線の国分寺ですが、東京、新宿から1本で来られて便利かな、とは思っていました。早足で3分と駅に近いのも好立地ですね。

ここには、診療内科や精神科のクリニックが多いのですが、ウチは遠くから来て催眠療法をやりたいという患者様たちなので、他院とはぶつからないだろうと心配はしていません。心理療法をやる医師はあまりいないし、特に催眠をやる医師はとても少ないですから。

▽防音扉、防音壁の静かな落ち着いた環境で

坂東　患者様との信頼関係の構築法は、どんなことに重点を置いていますか。

院長　基本的には、親切に丁寧に接するというのが一番ですね。患者様には、先ほど問い合せのお電話の話をしましたが、電話の段階から、まずできるだけ丁寧に対応しています。

坂東　来院された方は緊張されていますよね。そんなときは、どういう接し方をされていますか。

院長　まず、「心配していますよ」というのをしっかり伝える必要があります。特に初めての患者様には、予約で大体の時間はわかっていますから、受付に患者様がいらした気配を感じたら、私のほうから顔を出すようにしています。

坂東　こちらに入ると、まず雰囲気がいいですね。医療機関という感じがしません。

院長　落ち着くでしょう？（笑）いろいろ工夫はしているんです。いわゆる貼り紙みたいなものは全くしていないし、それにチラシみたいなものも置きたくないですね。何かゴタゴタして落ち着かないのはよくないです。大学病院はゴタゴタ、バタバタ、まるで落ち着かないですから。静かで落ち着いてっていうのは、すごく気にして作りました。

坂東　だから、防音ですか。

院長　そう。診察室は全部防音扉、防音壁です。そのカメラは、患者様の同意を得た上で、催眠のセッションを記録するために使っています。催眠って何をされるか分からないという誤解が多いですから、お互いの安心のために記録として撮っています。

坂東　院内で、防音以外で何かこだわっていることはありますか。

院長　催眠の椅子かな。一番高い家具なんですよ（笑）。眠ったようになった状況でも、椅子からコケることなく、安心して後ろにもたれられるように気を遣いました。

坂東　受付の方は患者様によく声をかけたりされますか。

院長　よく話をしてくれていますね。元々精神科の看護師なので、いろいろなことを観察して私に教えてくれるのが大きいですね。入ってこられたときの印象だとか、催眠を受けた後の様子だとか。気づいたことを情報としてもらっています。助かりますね。

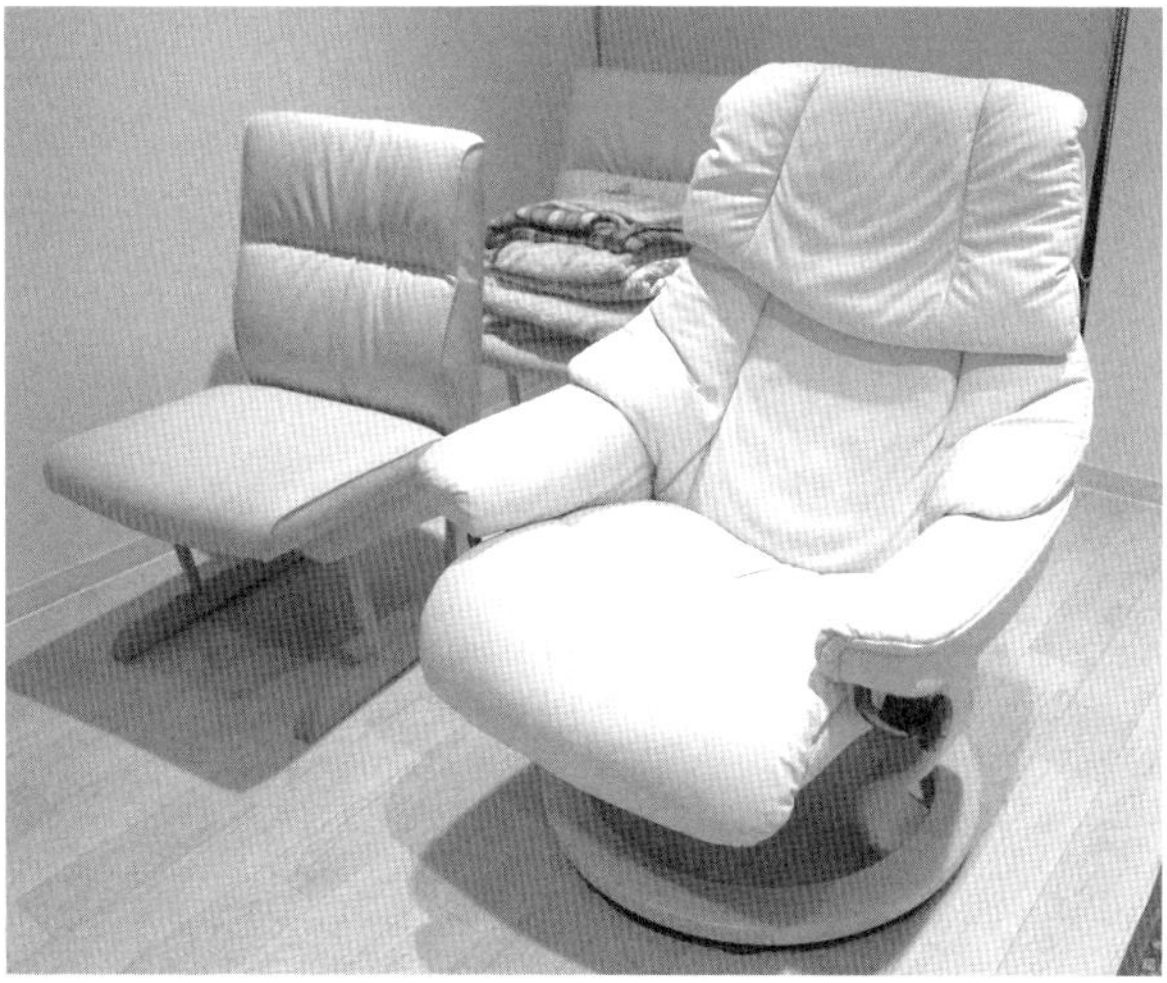

催眠用の椅子。ゆったりともたれることができ、
患者様は十分にリラックスできる。

第2章

ターゲットを明確化して差別化を図る

小さな〝まとまり〟の中のナンバーワンを目指す！

突然ですが、「ランチェスター戦略」というのをご存知でしょうか。マーケティングに多少なりとも興味がある人なら、一度くらい聞いたことがあるかも知れませんが、市場攻略のためのビジネス戦略理論で、多くの経営者が参考にしている経営戦略のバイブルとも言われています。

元々は軍事戦略として体系化されたものですが、それをマーケティングに置き換え、活用されています。とりわけ小規模事業者がシェアを取るために有効なマーケティング戦術が、合理的にまとめられています。

その戦略の一つが、「小さなナンバーワン戦略」です。ただし、私が自分なりに解釈して付けた戦略名称であり、一般的な名称ではありませんので悪しからず…。

この戦略は、ひとつの分野や地域などの小さな〝まとまり〟の中で一番を目指す手法のことです。

戦争では、小規模な軍隊が強大な相手と戦う場合、総力戦になってしまうと兵力の差は歴然で、とても勝ち目はありません。でも、局所的なエリアで1対1の接近戦に持ち込んで、兵隊各個の力や兵器の性能が優れていれば、大いに勝算があります。

ビジネスという戦場も同じです。小規模事業者が勝つためには、ターゲットを絞り、狭い分野で戦う……というのが、この戦略なのです。

これは、クリニックの経営にもそのまま応用できることです。先述したように、特化するとか、ニッチな分野を……などと言っているのは、まさにこれに相当します。地域や診療科目を限定し、その中で一番を目指す「小さなナンバーワン戦略」の一つなのです。

さらに、ターゲットを絞るというのは、とても大切なことです。

どんな患者さんに来てほしいのか。ターゲットを明確にした方が、アピールしやすくなります。ターゲットに向けた情報を発信することになりますから、患者さんの側からすれば、求めている医師が、見つけやすくなります。

成功クリニック院長インタビュー③で紹介する**コムロ美容外科メンズクリニック**は、名前の通りメンズ、しかもシニアに特化したクリニックです。ターゲットの絞り込みに加え、他院ではできない長茎手術などで、メンズシニアの「小さなナンバーワン」戦略が奏功しています。

どんな患者さんに、どんな医療サービスを施したいのか、地域は、年齢は、性別は、身体のどこを治すのか、など目的を特化させた戦略が成功経営につながります。

これらを明確にすることで、ホームページの見せ方も変わってきます。その分、ターゲットへ伝わりやすくなります。

例えば、ホームページに載せるキャッチコピーを見てみましょう。左の二つの例なら、どちらに行ってみたいと思いますか。

A 「インプラント治療なら坂東歯科医院」

B 「横浜市でインプラント治療患者数年間2000人の坂東歯科医院」

明らかに、Bの方が惹かれますよね。Aは〝インプラント治療〟を謳っているものの、できるだけ広範囲から患者に来てほしいと願うあまりに地域を限定せず、凡庸な印象がぬぐえません。

Bは、エリアを限定することで、強みも強調できて訴求効果がアップしています。

〈成功クリニック院長インタビュー③〉

コムロ美容外科メンズクリニック院長　小室好一

シニア層の悩みに特化したメンズクリニックを展開

▽第二の人生を楽しみたい前向きなシニアのために

坂東　シニア層をメインのターゲットにして展開していらっしゃいますが、なぜ今シニアなのかということからおうかがいしたいのですが。

院長　高齢化社会が進み、〝第二の人生〟という考えが浸透してきているのでしょうね。元気なシニアの方が増えていて、どうせ元気なら楽しく生きていきたいと自分で変わろうとされる方が多いようです。

坂東　その手段として手術を受けようと…。

院長　ええ。たとえば、シニア層のお見合いや婚活パーティーも盛んで、やはり印象をよくしたいというのがありますよね。それに、彼女を満足させたいという問い合わせをいただくこともありますし、男同士の裸の付き合いやお孫さんとの入浴などの機会がある中で、不具合を感じられている方もいらっしゃいます。いろいろな悩みを持たれているんですね。

坂東　施術となると、実際のところは、包茎手術が多いのですか。

院長　女性もそうですが、男性でも目が多いですね。シニアになってくると、アンチエイジングが分かってくるんです。どうすれば自分が若返っていくかということが。で、口の周りのたるみや、ほうれい線などを何とかカバーできないかとか、けっこう多いのが下眼瞼《まぶた》の目袋がふくらんでくると老けて見えちゃうので、何とかしたいというので来院される方です。それに、男性は45歳くらいから男性ホルモンが減ってくるので、ホルモンを打って若い活力を回復したいという方もいます。今は、若さをずっとキープしたいということで、ＥＤが売れ始めていますね。

▽よそではできないオリジナルの手術

坂東　顔の施術は、やはりシニア層が多いのでしょうか。

院長　40代、50代になると、眼瞼下垂で肩凝りの症状が出て来院される方が多くなります。そんな方たちに「下眼瞼気になりませんか」と聞くと、「どうやるんですか」と興味を示される方が多い。でも、そういう男性は、美容関係の施術をやりたいとは思わないんですね。私たちがアドバイスしていくことで、だんだん自覚するようになり、若返りならやっていこうかな、という気持ちになってきます。

坂東　男女で何か違いはありますか。

院長　似てはいますが、男性は整形したというあからさまな変化は求めていません。でも、女性は、やる以上はちゃんと若くなりたいと思います。一方、若くありたいけれども、整形したとは思われたくない、というのが男性です。

坂東　治療やサービス面での独自性はありますか。

院長　包茎手術はどこでもやっていますから、よそではやっていない長茎手術や亀頭増大などを売りにしたいと思っています。たとえば長茎は、切開して中を剥離して、実際に長くするという治療をやりますが、これは時間もかかりますし、やれる先生がいないんです。

▽「銀座で手術を受ける」というステータスが立地条件

坂東　患者さんとの信頼関係の構築は、どうされていますか。

院長　アフターケアですね。1年間は無料保証するという形にしていて、術後トラブルがあった場合などは無料で診ています。最初にカウンセリングした医師が、検査、手術からアフターケアまで、一貫して担当しているのも喜ばれています。来られるたびに違う医師ということはありません。

坂東　待合室などでの工夫は？

院長　患者さん同士がすれ違いのないように振り分けています。どうしてもすれ違いがありそうなときには、事前に、そのことをお伝えするようにしています。

坂東　待ち時間対策などはありますか。

院長　完全予約制をとっていて、できるだけ患者さんをお待たせしないようにしています。飛び込みの患者さんもたまにはいらっしゃいますが、そういう患者さんは余裕があれば診ますが、日を改めて来ていただくようにしています。そうしないと、どんどん患者さんがたまってしまうことになり、決してよいことではありませんから。そういう時間の配分は、余裕を持ってやっています。

坂東　そもそも銀座にオープンされたという理由は何ですか。

院長　ステータス……立地条件は、ステータスです。何と言っても、銀座で手術を受けた、というのは聞こえがいいじゃないですか。今は、中国の方も増えていますが、やはり「東京・銀座」です。中国から近い福岡、大分、宮崎を勧めても、皆さん、首を傾げるんですね。あえて福岡を飛び越えて、東京まで来るんですよ。場所は大事です、超一流のところで手術を受けたいんです。

坂東　中国からはどのような経由で来られるのですか。

院長　紹介ですね。それに口コミ。この間も、ユーチューブやSNSを中国に動画配信をしたところ、それを見た方が来院されました。

坂東　動画配信をされているのですね。

院長　ライブで動画配信をやって、最初は視聴者が18人くらいだったのが、始まったとたんにガーっと2万人に増えました。中国の方が見る専門のチャンネルです。中国本土の方だけでなく、日本国内の方、オーストラリアやカナダの中国人の方も来院されています。

坂東　ありがとうございました。最後に、今後の展望をお聞かせください。

院長　男性のオペはますます増えると思いますので、それに向けて、よそがやらないことをいかにアピールしていくか、ということですね。インターネットをうまく使っていきたいと思います。

東京銀座院の受付。
木目調でシックな雰囲気をかもしだしている。

地域の特性やニーズを把握する

同じ地域に競合する医院が少なければ、競争の激しいエリアと比べて、より多くの患者さんに来てもらえる可能性は大きくなります。

好条件に甘えることなく、せっかくのチャンスを大いに活かして、「この診療なら○○クリニック！」という不動の地位を確立して、患者さんを救ってあげましょう。

競合が少ないので戦いやすいのですが、あまりに最先端な技術、画期的な診療を打ち出しても、患者さんがついてこられない……などということもないとは言えません。

患者さんに来てもらうためには、その地域の特性や、人々のニーズなどしっかりとリサーチをしておく必要があります。

保守的な風土の地域か、革新的な人が多いか。情報に敏感な人が多い。変化を好まない。医療に対する意識が高い……などの傾向も要チェックです。

また、ヤフーやグーグルなどの検索エンジンで、競合する医院の調査を行ってみるのもよいでしょう。

周辺の同業者が専門としていること、どのような広告を出しているかなどもインターネットで簡単に見つけることができますから、調べてみることをお勧めします。

他院のホームページを見てみると、競合する医院の動向や患者のニーズを予測することができます。メインにしている診療内容は何があるか、どんな点を重視してホームページを作成しているのか……これらに着目していくと、いろいろなヒントが見えてくるはずです。

患者さんの悩みを深くシミュレーションする

患者さんはいろいろな悩みを抱えています。

痛みや不快感、身体のさまざまな症状から、病気や治療に対する怯えや不安、そして、漠然とした恐怖、失望感、不信感、コンプレックス…その他、患者さんの数だけ内なる思いが、外に噴き出さないまま、滞留していることが多いようです。

そんな心の声、心の叫びを知ることは、治療を進めていく上でとても有効です。患者さんの悩みを深く知りシミュレーションすることで、どうするのがよいか、何ができるかなど提案が行えます。

不安に苛まれている患者さんの心を軽くできれば、前向きに治療に集中してもらえます。シミュレーションで、見えなかった原因が見えてくることもあります。また、診療の次のステップへのヒントが見つかることもあるでしょう。

医師はできるだけ患者さんに接する機会を増やし、患者さんの話に耳を傾けるとよいでしょう。インタビューさせていただいた人気クリニックの先生たちは、専門に関係なく皆さん「対話の時間と回数が大事……」ということをおっしゃっています。

患者さんは、医師に対して自分から悩みまで話すことはそうはありません。医師としても、治療は淡々と進めないといけないし、難しいところと言えるでしょう。それでも、何気ない言葉のやり取り、ちょっとした会話で、患者さんの心を知ろうとする努力は欠かさないようにしたいものです。

中には、カウンセラーを置いて、患者さんの悩みをくみ上げるしくみを作っている医院もあります。カウンセラーが直接患者さんの話を聞き、それを共有することで、治療に役立てます。その話の中には、ときには治療だけでなく集患のヒントも隠されていることがあります。患者さんは患者さんで、話を聞いてもらうことで心が軽くなり楽になります。

実際、カウンセラーを置いたことで、売り上げが大幅に増加したクリニックもあります。カウンセラーが打ち明けられた悩みをシミュレーションすることでいろいろな提案が生まれ、次の治療へのステップとなっているのです。

専門のカウンセラーを置かなくても、受付やスタッフが患者さんへの声かけを積極的に行うようにするのもよいでしょう。患者さんも、医師が相手のときよりもよりリラックスして、ふだんは出ない本音をもらすこともあります。あいさつ程度の何気ない会話の中でも、患者さんの声なき声に耳を傾けるというのが大切です。

カウンセラーやスタッフが吸い上げた患者さんの情報は、医師はもちろんスタッフ全員で共有して治療やサービスに活かしましょう。

ターゲットを絞ったら横展開で拡大する

例えば、自費診療の美容外科では、目の整形をした人が、次々といろいろな箇所を手術したくなるということはよくあります。

美容整形の中でも、目の手術が得意ということで専門性を打ち出している医院に、評判を聞きつけた患者さんが目の手術にやって来たとします。

診療を受け、やり取りを繰り返しながら不安や悩みを解消し、期待通りの成果に満足するでしょう。信頼感と満足感から、向上心や欲求が高まって豊胸の手術を受け、さらに顔にヒアルロン酸を注入し……という展開になることもあります。

目の整形の専門性を打ち出したことで、「ここで手術を受けたい」という気持ちを刺激された患者さんが来院してくれたわけですが、そこから他の箇所についても関心が高まり、新たな展開の可能性が見込まれるのです。

初めから「何でもやります」と間口を広げていたら、この患者さんがこの医院を選んだかどうか疑問です。ターゲットを絞って入り口を狭くしたことで、効率よく患者さんの目に止まって来院が実現すれば、そこから広げることは可能です。

患者さんの悩みや思いを丁寧にくみ取ってあげることで、患者さんは希望を叶え、医院としては診療の横展開を実現できることになります。

ただし、この展開も、医師が患者さんとの対話時間や回数を増やす努力、細やかなカウンセリング、スタッフたちの目配りがあってこそ実現できると言えるでしょう。この努力なくして展開させようとすれば、患者さんにとっては不快以外の何ものでもありません。「また来院しよう」という気を失ってしまうはずです。

「糖尿病専門」と言っても、一度来院して〝いい先生〟〝気持ちのよい医院〟と認知してもらえれば、一般内科もOKと、生涯にわたって来てもらえるかもしれません。「睡眠専門」「インプラント治療」なども同じです。

入り口を狭めることを怖がることはありません。特化して狭めて、患者さんにわかりやすく見つけてもらい、来てもらって本質を知ってもらう。それが、患者さんにとっての大事な手法と言えます。

フロントエンド→バックエンドの考えを応用する

「集患…？　マーケティング…？　そんなことを医療に従事する者が考えるべきではない」などと、まだ眉をひそめている人もいるのではないでしょうか。

心の奥にどんな思いがあろうとも、それは個人の自由です。でも、医業経営に携わる以上、医師であると同時に経営者でもあることをないがしろにしていたら、患者さんが来てくれなくなって経営は傾き、「患者さんを救う」……という本来医師のやるべきことがままならなくなってしまいます。

患者さんを救うための集患マーケティングと前述しましたが、実際、人気クリニックの院長の中には、非常によくマーケティングについて勉強している人もいます。中には、その知識たるや私も舌を巻くほど…という人もいて驚かされます。

それほどビジネスなどに詳しくない人でも、フロントエンド、バックエンドという言葉は聞いたことがあるのではないでしょうか。

直訳すれば〝一番前〟と〝一番後ろ〟のことで、ソフトウェアの開発プロセスで使われることが多いようですが、マーケティングでは、それぞれ、〝最初に見せる売りやすい商品〟、〝その顧客にさらに販売する商品〟のことを言います。

要するに、わかりやすい低額の商品を買いに来てもらって、さらに、利益につながるような商品を購入してもらう……という手法です。よく見かける通販のサンプル商品がフロントエンド、これを定期コースで買ってもらったり、オプションの商品をプラスしたりするのがバックエンドと言えば、分かりやすいでしょうか。

また、エステ・サロン、スポーツジムなどの無料、あるいは格安の体験コースなどもフロントエンドと言えます。

この考え方は、医療でも応用が可能だと思います。

「医者が何を売りつけるんだ！」などと、またまた目くじらを立てないでください。

美容外科のプチ整形やダイエット外来の体験コース、内科なら、例えば疲労回復のにんにく注射…なども考えられましょう。歯科医院でも、より多くの人に定期検診に来てもらう、というのも、この考えの応用になるのではないでしょうか。そこから、希望があればインプラントや矯正などを提案することも可能です。

ビジネスでもフロントエンドからバックエンドを売り込むことは、決して悪いことではありません。むしろ、顧客に対してバックエンドを考えないことこそ不親切です。顧客のことをちゃんと考えていないことになります。来てくれた患者さんのニーズをしっかり把握して、それにマッチするサービスを提供しないといけません。

「ウチは高級なんで、最先端、高級なことしか扱いません」などとハードルを上げていては、安定的な集患は難しくなります。最初は親しみやすい分野で問い合わせてもらって、まずは来てもらうことから始めることが重要です。

そして、バックエンドに導くためには、医師の魅力はもちろんのこと、患者さんのニーズを的確に捉えられるカウンセラーやスタッフの力が不可欠と言えるでしょう。

第3章

経営方針、治療方針を確立した医院コンセプトが重要

開業前のコンセプト設計で経営の9割が決まる!

あなたのクリニックのコンセプトは、どうなっていますか。あるいは、これからどんなコンセプトの下、医業経営を進めていこうと思っていますか。

「コンセプト…? そんなこと考えたことない。ちゃんと治療をすればよいのでは…」などと、何となく開業しているという人が多いのに驚かされます。

せっかく開業するのですから、まずコンセプト作りはしておくべきです。それをしないと、ただ漠然と「いい病院です」「ちゃんと治療しています」と言っても、いくつもある病院の一つとして埋もれてしまうのです。

でも実際は、コンセプトを作っていない医院がほとんどです。多分9割くらいはコンセプトなど意識していないのではないでしょうか。経営のこと、マーケティングのことなど学ぼうとしないから、いい加減な開業コンサルタントに頼ってしまって、期待通りに進まないことが少なくないのです。

コンセプトの柱をしっかり作っておけば、医院経営の成否の9割は決まります。それにしたがって、マーケティングを行い、経営を進めることで、10年先、20年先も患者さんに支持されるクリニック作りができるはずです。

それなのに、9割近い医院がこれを意識していません。だからこそ、チャンスなのです。コンセプトを決めておけば、間違いなくうまくいきます。

例えば、ある駅に面したビルの5階に開業したクリニックの例です。院長は「駅前に開業すれば、たくさん患者さんが来てくれるだろう」と何となく思っていましたが、まったく反響がないのです。看板もそれなりに出しているのに……と悩まれて、私のところに相談にいらしたのですが、これは決して珍しい例ではありません。

今は、ただ駅の近くにオープンすればすぐに患者さんが来てくれるという時代ではないのです。コンセプトを決めて、アピールをしていかないと集患はできません。

このクリニックは、後付けですがコンセプトを作り、どんどんプロモーションをかけていったところ、患者さんが来てくれるようになりました。

コンセプト作りは、2章でも触れたように、他院とどう差別化するかということでもあります。どう「専門医」に見せるか。自分では、特別なことはしていないと思っていても、気づいていないだけということも少なくありません。

何を打ち出すかは、過去の症例をひもといたり、ターゲットを考えたりしていくと、必ず見つかるはずです。症例数などこれまでの経験を数字で表したり、「コンセプトシート」などにまとめてみたりすると、気づくこともあります。

ある歯科医院では、「そんなのあたり前の治療」と思っていた〝無痛治療〟を打ち出したら、集患率がアップしたという例もあります。医師にとっては常識でも、患者さんが強く求めている治療だったりすることもあるのです。

コンセプトシートはＰ72

地域の特殊性を理解する

コンセプト作りを進める上で、当然、クリニックを開業する地域についてしっかり考える必要があります。

なぜその地域に設立するのかということを考えることも重要ですし、その地域や周辺には、どういう人たちがいて、どういう患者さんに来てもらいたいのかということも考慮しないといけません。

もちろん、駅に近い立地というのは有利ではありますが、先ほどの駅前に開業したクリニックの例を見るまでもなく、駅に近ければ必ず集患がうまくいくとは限らないのです。

患者さんは、長期間通って診てもらう必要のある疾病の場合は自宅に近い医療機関、すぐ治したいような場合には職場に近い医療機関を選ぶとも言われます。オフィス街に、特に歯科医が多いというのは、そんな傾向の表れでしょうか。

どこに開業すれば成功するという確固たるノウハウなどないと言ってよいでしょう。だからこそ、しっかりとしたコンセプトを作って、それに合った立地、ターゲットが多い、あるいは多く集まる地域を選ぶ必要があります。

東京・銀座というステータスを重視して開業する場合もありますし、ビジネスマンの多いオフィス街、通いやすいターミナル駅の近く、中には、リラックスできる環境を求めてリゾート地のような地域に開業して成功している例もあります。

間違いのない地域選びは、きちんとしたコンセプトがあってこそできるものとも言えるでしょう。そして、事前のマーケティングを丁寧に行った上で、集患の戦略を練ることが大切です。

特に、インターネットなど利用して、競合他院の情報は必ずチェックする必要があります。他院と同じことをしていてはうまくいきません。同じ地域に同じ専門医がいたら、後発ということもありますし、苦戦することは目に見えています。

何か自分の売りを作って、それをアピールしたほうが、患者さんに来てもらいやすくなります。

⑦【提供する医療サービスの想い（ストーリー)】

⑧【あなたのミッション（使命)】

⑨【どんな悩みを持った患者様に利用していただきたいか】

⑩【他院医療サービスとの違い（差別化)】

⑪【類似医療サービスとの違い（差別化)】

⑫【診療の成功事例】

⑬自費診療の場合【料金の高い理由 / 安い理由】

⑭【医療サービスを受けた患者様の声】

⑮【価格】

⑯【診療までの流れ】

⑰【イメージカラー】

バンドウ式USPコンセプトシート

1 ベネフィット【患者のメリット】

2【医療サービス説明文】

3【このホームページで一番望む結果は？】

4 医療サービスのターゲット層に○をつけてください
※できるだけ絞り込んだほうがよろしいです。

男性　女性　独身　既婚

年齢0歳～5歳　6歳～10歳　11歳～15歳

16歳～20歳　21歳～25歳　26歳～30歳

31歳～35歳　36歳～40歳　41歳～45歳

46歳～50歳　51歳～60歳　61歳～70歳

71歳～80歳　80歳～

パート、アルバイト　サラリーマン　主婦　経営者

無職　老後の生活　一般人　富裕層

不規則な生活をしている　リピーターが多い

5【ターゲットの特徴をお答えください】

6【貴院の特徴】※できたら7つ以上

〈成功クリニック院長インタビュー④〉
マツモト歯科医院院長　松本理

自費診療専門で患者さんのための「真の治療」を追求

▽患者さんの価値観に合った治療で

坂東　なぜ自費治療のみという形になったのでしょうか。

院長　元々は保険治療と自費治療の患者さんの数の割合は4対1くらいでした。それでも収入の比は丁度50％－50％なんです。20％の自費の患者さんが収入の50％を生んでくれます。ご存知とは思いますが、保険診療には様々な規則があって、やってもいい治療、やってはいけない治療、治療の順序、治療の回数などが細かく決められています。そしてその治療の費用も全国一律料金で、残念ながら歯科は特に低い料金に決められています。今や開業歯科医はワーキングプアで、5人に1人は年収

300万円以下と言われるくらいです。ネットで調べればすぐ出てきますよ。当医院の場合は保険治療だけでは採算が取れず、保険治療の赤字部分を自費治療で補っているという形でした。ところが、だんだん患者さんの数が増えてくると、もとから保険治療を希望される患者さんの方が数が多いんですから、自費治療で使える時間がどんどん減ってくるんです。そうするとどうなるかというと、1週間の診療時間の中で保険治療をやっている時間の方がさらに多くなって、自費治療で使える時間がだんだん少なくなってくるんです。そして患者さんが増えてとても忙しくなっているのに収入は減ってきて、これじゃあクリニックがつぶれるなあ……と。もちろん解決策は色々あると思いますよ。例えば、保険診療と自費診療で予約の取り方を変える。保険診療の人は1回の治療時間を短くして治療間隔を開ける。自費診療の人は1回の治療時間を長くとって治療間隔を短くする。そうしないと成り立たないんですから。でもこれは待合室の雰囲気が悪くなって嫌ですね。できればどの患者さんにも同じように親切に対応したいじゃないですか。またドクターやスタッフを増やしてキャパを増やし、作業を効率化してなどもあると思います。でもここは私一人でやっているんで、保険治療を受けたいという方は周りにいくらでも保険を扱う歯科医院はありますからそちらに行っていただいて、この医院はこの医院でしかできないことをやろうと思い、自費のみで行こうと決めてそうしました。

坂東　葛藤のようなものはありませんでしたか。

院長　あまりないですね。単純に、「値段を3倍にして数が3分の1になったとしても、売り上げは一緒」、「数が3分の1になれば時間が3倍かけられるな」というような感覚ですね。

坂東　自費診療のみというのは、どんな診療なのでしょう。

院長　普通ですよ。虫歯の治療や歯の神経の治療などです。

坂東　それを全部自費で？　何か特別な技術でも？

院長　特別なことはないですよ。じゃあ、なぜ患者さんが来るの？　ということですよね。ひとつは、技術に対する信頼。もうひとつは、治療方針、治療内容。どういう治療が受けられるかということに対する信頼です。歯の治療には、いろいろな選択肢があります。でも、保険診療では、その規則その料金の中で採算が成り立つ選択肢を提示するしかないんです。技術的にできても、その方が患者さんのためになっても、あまり採算が取れない治療法は歯科医院としてはなかなか提示できないんです。その点自費では自由ですからね。多くの選択肢から患者さんが本当に受けたい治療を選べるんです。

坂東　たとえ虫歯1本でも、ですか。

院長　「これは、抜くしかありませんね」と言って抜いてしまった方がお金になる場合が多いですね。本当は抜かないですむかもしれないけれど、それはすごく手間がかかって保険診療では採算が合わないってことだってある。それが、自費診療ではどの治療法でも可能なわけです。先日もちょっと遠方の方で、その方の近所の歯科医院や大学病院の小児歯科などで「神経を取らないと無理」と言われた小学生の子が来て、ウチで虫歯の治療をしました。深い虫歯があったんですけど、少し虫歯をとって消毒薬を入れて蓋をする、3か月くらい経つと歯の神経が少し小さくなってくれますので、また少し虫歯をとって消毒薬を入れて蓋をする、さらに3か月くらい経つと歯の神経が少し小さくなってくれますので、また少し虫歯を取って消毒薬を入れて蓋をする、というのを繰り返して、結局歯の神経を取らずに虫歯をちゃんと取り切って治療が終了しました。

坂東　患者さんにはプラスになるということですか。

院長　もちろんですよ。患者さんの最も望む治療だと思いますよ。だからお母さんも、いろいろ病院を回ってきた。11歳の子で、永久歯ですからね。神経取らないですむなら、その方がいいですよね。これはもう何10年も前からやられている方法です。他の歯科医院でも知っていて採算が成り立つだけ費用をいただければ同じことをやると思いますよ。

坂東　保険診療にこだわって、売り上げが上がらない分、自費診療のインプラントとか増やしたいというところは多いようですが……。

院長　それだと、インプラントじゃなくてすむケースでもインプラントに誘導しちゃうじゃないですか。私は、どの治療を選んでもこちらが損をしない、採算がなりたつ、そういう料金体系が望ましいと考えています。それなら、こちらの経営の都合で患者さんをある方向に誘導する必要はありませんね。どの治療だってメリットもデメリットもあるので正直にお話しして、患者さんが選んだら、その価値観に沿ってやってあげて、どの治療でもウチは損しない。それが一番望ましいと思っています。

坂東　ネットなどで口コミもパッと広がりますから、これからは正しい治療というか、信頼できる治療をしていれば、評価は上がっていくと思いますが。

院長　正しいとか間違っているとかではなく、価値観に合った治療かどうかということになるんですよ。「歯を抜いてインプラント」にしても、とても具合がよければ何の問題もない。でも歯を抜かずに歯の治療をして結果が良くなるんだったら、そっちを選んだかもしれない。だから、インプラントがよくないなどという気はなく、それも選択肢の一つということです。ちゃんとメリット・デメリットを提示して、可能な他の選択肢も正直に提示して、それで患者さんが理解して選ばれるなら、どちらでもいいんです。ただ、薦める側が本音でなく、お金になるから、そっちの治療は採算がとれないからこっちの治療へと誘導するのは違うんじゃないかと思いますね。

▽ホームページで院長の人物像をアピール

坂東　患者さんは東京以外からもいらっしゃいますか。

院長　ええ。ネットの力ですね。集患対策は、今はやめていますが、10年前くらいからPC広告をかけて、ネット上で集患を行っていました。安くはなかったですが、患者さんにはけっこう来ていただきました。計算すると、多い時で年間100万円前後広告に使って、100人以上は来院いただいていました。だんだん反応は落ちてきましたが。

坂東　すごいですね。

院長　でも、まず反応率が高い、そこへ行ってみたいと思われるようなホームページを作れているかどうかが、第一でしょうね。

坂東　先生は、ホームページ作りも全部ご自分でやってらっしゃるんですよね。

院長　ええ。何をやっているかというと、人物像を浮かび上がらせているんです。私の考えや気持ちを伝えるようにしています。こんな診療項目があります、こんな設備がありますとかはどこも大して変わらないでしょ。患者さんは、この人物は信用できるかどうかを見たいんです。

坂東　その通りですね。

院長　どこの大学出て、何博士になって、だから何？　みたいな。それだけではその人物が信用できるかどうかには答えてくれません。あるいは、ブログで何食べましたとか、研修会行きましたって、人物像がどこにも出て来ない。本業でどんな考え方をしていて、こんな困っている患者さんにはこれだけのことをやってあげたとか、そういうことが出て来ないと、歯の治療に関してこの人物が信用できるか分からないじゃないですか。

坂東　そうそう。まさに、私がいつも感じていることです。それで、実際に来ていただいた患者さんとの信頼関係の構築はどうされていますか。

院長　とにかく、まず人物が信頼されないと、何を言ったって信用されません。ですから、どうやって信頼されるかに全力投球しているわけです。いろいろな事例を使って、こちらの考えを提示したり、患者さんの質問には正面から答えるようにしたり。

坂東　正面からですか。

院長　はい。例えば、「何で歯を抜かなければいけないんですか」という質問にも、ちゃんと患者さんが納得できるように答えないといけません。「抜かなければいけない」ということはないけれど、「抜いたほうがよい」場合はありますね。抜かずに置いていた場合のメリット・デメリット、抜いた場合のメリット・デメリット、5年後10年後20年後どうなっているか、どうなっていたいかも考え合わせて、それを比較するんです。歯を抜くにしても「歯を抜かれた」と言われたくありませんからね。できれば「歯を抜いてもらった」と言われたいですね。「歯を削ってもらった」、「歯の神経を取ってもらった」ではなくて「歯を削られた」、「神経を取られた」、などと患者さんが言うのは、処置に納得していないということですね。

▽まずは本業でサービスするのが本筋

坂東　待合室など何か工夫されていることはありますか。

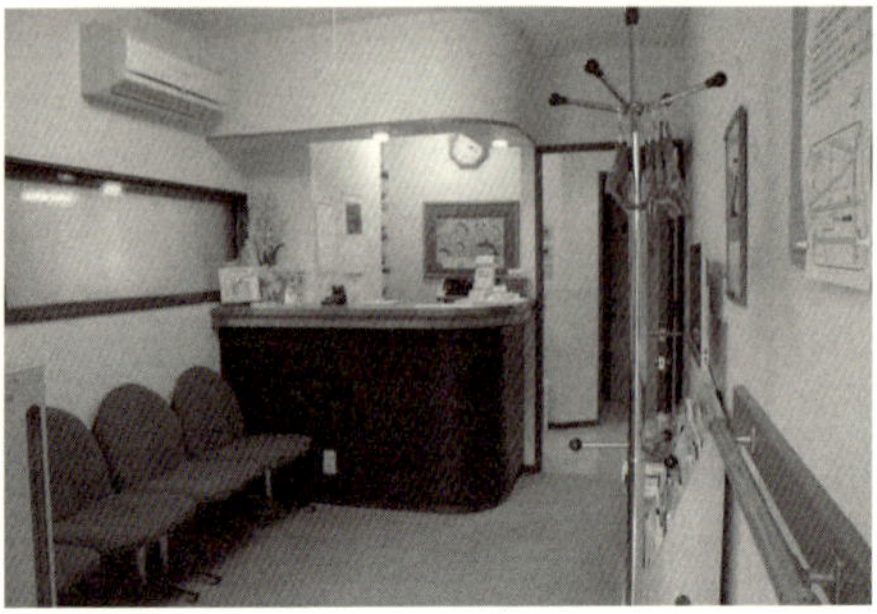

マツモト歯科医院の待合室

院長　特に気をつけていることはありませんね。清潔でリラックスできる場所であればそれでよいと思います。多少インフォメーションには利用しますけど。とにかく本業でサービスすべきだと思っていますから。例えば、患者さんが1回の治療を長くして回数を少なく…と希望されれば、そうします。ウチでは通常1回の治療時間は1時間から2時間ですが、3時間でも4時間でも取りますし、毎週同じ曜日の同じ時間がよいとおっしゃれば、空いていればそのように何回でも先取りします。もちろん、約束通りに来ていただけるのが条件ですけど。また治療をこうしてほしいと言えば、医学的に不適切でない限りはそれにお応えます。やはり治療の内容だったり、疑問にとことん答えることだったり、予約の取り方だったり本業でちゃんとサービスする、本業でちゃんと患者さんのニーズに応えるのが本筋です。そういうことが、結局、歯科医院としての「信頼」、歯科医院として「信頼され続けること」につながるんじゃないでしょうか。

コンセプトの徹底は、他院との差別化につながる

コンセプトを決めたら、それにしたがって医院作りを進めますが、このコンセプトは、患者さんにどんどん伝えてほしいと思います。どんな思いを持って診療を行っているのか。何が得意なのか。どういうところが特長なのか。それが、結果的に他院との差別化になるのだと考えています。

患者さんとの対話でも、ホームページでも、ブログでも、順次伝えるようにして、感じとってもらうのです。

コンセプトというのは、徹底して伝えないことには差別化にはなりにくいものです。そして、差別化できないところは、先々も厳しい状況が続くことになるかもしれません。

差別化ということでは、ホームページで「入れ歯専門外来」を打ち出しているクリニックもあります。「高齢の患者さんにインターネットでアピールしても…」と思いましたが、かなり反響があって成果が上がっています。

特に、インプラントとの違いや安全性などについてもしっかり伝えて、それならと「私も入れ歯にしたい」「行きたい」と思う患者さんが多いようです。

また、オープンして間もない口腔外科の医院ですが、「救急対応」を打ち出していると
ころもあります。口腔外科の救急搬送は、他院ではほとんど行っていないサービスでもあ
り、ニーズがありそうです。

このように「口腔外科の救急医院」というのも、ひとつのコンセプトになります。イン
ターネットを通じて、いろいろな形で徹底して伝えていくようにすれば、きっと集患につ
ながるはずです。

特別なことをPRするより、切り口を変えて伝える

専門性が高い、最先端の治療を行っている…それだけで十分に差別化されていますから、
それをアピールすれば患者さんに見つけてもらいやすいことは間違いありません。

ただ、それだけを標榜していればよいというものではないと思います。できれば、少し
ずつでも情報発信を行いながら、関心を持ってくれた患者さんの理解度を増していければ、
より効果的です。

そういう治療を行っている思いや信念なども知ってもらって、ファンになってもらう。
それが理想なのではないでしょうか。まず前提として、医師としての信念などを話し、そ

れに共感した患者さんが問い合わせをするという形になったら素晴らしいです。

ネットを見て、何か商品を購入するという場合、その商品について書かれていることをじっくり読むのではないでしょうか。そんな感じですね。

例えば「世界初」とか「最先端」を大仰に自慢するのではなく、ちょっと切り口を変えて、わかりやすく訴求していく方が、患者さんの共感を得やすいこともあります。最先端技術があっても、少し柔らかく患者さんの理解度を意識しながら話をするということが必要かもしれません。

前項で紹介したマツモト歯科医院は、ホームページや小冊子などを通して、院長がいろいろな考えを述べています。どんな治療をするのか、なぜこのような治療を行うのかなど、少しずつちゃんと理解してもらう。それによって、院長がブランディングされ、カリスマ性が上がっていく…という効果があります。

と同時に「ロングテールSEO」にもつながり、結果的にアクセス数が増えることにもなります。それは集患効果が高いということです。

〝ロングテール〟というのは、ビジネスでは爆発的に売れるような人気商品よりも、ニッチな商品群全体の売り上げが上回る現象を言います。

私が行っている「ロングテールSEO」という手法は、ホームページで、トップページだけでなく複数のページで上位表示を達成して、アクセス数を増大させる方法です。トップページだけではアクセス数は限られてきますが、もし１００ページあったとして、そのすべてが上位表示されたら、すごいことになりますよね。

トップページは非常に重要ですが、少しずつ長期的にアクセスをしてもらおうとすれば、人気商品にあたるトップページだけでなく、ニッチな商品群にあたる他のページを豊富に、幅広くして、院長の信念や治療内容、その他の情報などを充実させていくことがポイントになります。

それが、他院との差別化にもつながることは言うまでもないでしょう。

第4章

立地条件、医療機関ネットワークを最大限活用する

利便性重視か、郊外型環境重視かを見極める

人のライフスタイルを見ると、交通の便がよく、食もエンターテインメントも充実した都会型のスタイルを好む人と、自然の中でリラックスするのを好むアウトドア派の人に大きく分けられますよね。

あなたが医院を開業するなら、その立地としては、どんな条件を上げるでしょうか。「やはりアクセスがよく、駅に近くて便利なこと」「ビジネスマンが集まるオフィス街」「ファミリーの多い住宅街」「それとも、ブランド店がひしめく一等地」のどれを重視しますか。

立地条件となると、ライフスタイルのように「私はアウトドア派！」などと簡単には答えられないかもしれません。

どういう診療をしたいのか。どんな患者さんたちに来てほしいのか。何と言っても、コンセプトに合った地域を選ぶのが第一です。それが、医院の経営を成功するための必須条件と言えるでしょう。最適の場所を決めるためにも、マーケティングは怠らないのは言うまでもありません。

立地ということでは、例えば美容外科などにとっては、東京・銀座というステータスが重要な要素とおっしゃる院長が少なくありません。これは、都内の患者さんだけでなく、地方から受診に来る患者さんにとっても、「銀座で手術を受ける」ということは、ひとつ大きな意味があるそうです。

インターネットなどを通じてクリニックを知り、遠くから治療を受けに来る患者さんが多く見込まれるなら、例えば都内なら、東京や品川、羽田など玄関口となる駅からのアクセスのよさを考慮に入れた方がよいこともあるでしょう。

これらのように便利で人が多く集まるところなら集患がしやすく、開業には利便性重視が必須のようにも見えますが、それだけ競合するところが多くなることも頭に入れておく必要があります。

一方で、自然豊かな静かな環境で、患者さんにリラックスして治療を受けてもらいたいということから、海辺の古民家を改築した医院で不妊治療を行っている**齋藤シーサイドレディースクリニック**のような例（**成功クリニック院長インタビュー⑤**）もあります。まるでリゾートに来ているような環境で、利便性からはほど遠い立地ですが、治療による妊娠率の高さもあって非常に人気のあるクリニックです。

〈成功クリニック院長インタビュー⑤〉
齋藤シーサイド・レディースクリニック院長　齋藤竜太

常識を覆す「海辺のリゾート風」不妊症専門クリニック

▽患者さんのリラックスが一番の目的

坂東　開業される前、立地条件はやはり海に面したところにしようと思われたのですか。

院長　ずっと街の中のゴミゴミしたところにある総合病院にばかり勤務していて、自分の病院を開くときには山か海、なるべく自然の中のいい環境で…というのがありました。自分にも患者さんにもいい環境でね。元々安心、安全、自然な出産施設のバースセンターを設立していたのですが、たまたま隣接の海沿いの土地が手に入ったので、ここにしました。

坂東　他の不妊治療クリニックなどと比べても、環境面でかなり違いますよね。

院長　全然違います。よそはたいてい街中ですぐ行ける、利便性の高いクリニックということでやっているでしょうが、ここは街中から車で5分、10分走らないと着かない場所にあるので、JR鹿児島本線折尾駅から送迎サービスもしています。

坂東　それは、遠方からの患者さんも多いということですか。

院長　福岡や門司、下関の方から来られる人もいて、タクシー代を使わせるのも気の毒ですから。

坂東　それにしても、これがクリニック…。という感じの雰囲気に驚かされます。

院長　どこへ行っても、同じような無機質な建物ではね。僕はあまのじゃくだから、人と同じなのはイヤっていうのがあって。従来の白い建物は清潔感はあるけれど、緊張感も与えてしまって、患者さんにとってよくないですよね。だからアンティーク家具や薪ストーブで病院じゃない雰囲気にしてリラックスできるようにしました。

坂東　何かスパにでも来ているような…(笑)。

院長　でしょ(笑)。で、通路からこっちは、細菌など入らないようにエアカーテンで仕切って、ここからが医療スペースという感じにしています。

坂東　立地もあるでしょうが、コンセプトに一本筋が通っている気がします。ここで従来の白い建物だと味気ないし、古民家の手作り感みたいなのがリラックスさせてくれますね。

院長　そう。患者さんにリラックスしていただくのが一番の目的です。

▽患者さん一人一人に適した治療法

坂東　そもそも先生が不妊治療を志したきっかけは何ですか。何か使命感のようなものがあったのでしょうか。

院長　使命感というか、元々産婦人科を選んだのは、最初からどの科にしろ外科をやりたかったのですが、一般の外科っていうのは、悪いところを取るばっかりでしょ。でも産婦人科は、悪いところを取るだけでなく、妊娠しやすい状態に持っていったり、赤ちゃんができるという新しい生産の部分があるでしょ。新しい命が生まれるというのは、産婦人科にしかないところで、生みだす方の治療というのが魅力でね。中でも、不妊治療はその中心ですよね。

坂東　治療面でオーダーメイドというのを謳われていますが…。

院長　患者さんの話をよく聞いて、その人の年齢や、今までよそでこんな治療してきたけどダメだったとかいう、いろいろな情報を基に最も適したやり方を考えるというこ

待ち時間の間に自由にくつろげる古民家風スペース

とです。何でもかんでも同じやり方、ルーチンではないということですね。

坂東　今までやってこられて、こんな点が支持されているのかなというのはありますか。

院長　やっぱり説明をきちんとして、それが分かりやすいところかなと感じています。他院から来られた患者さんの話では、いろいろ検査をしても、それが何の検査なのか、結果はどうなのかもよく分からないまま、このお薬飲みなさい…みたいなことも少なくないようです。患者さんが納得できるような説明をしながら検査して治療するという、そんな当たり前のことをきちんとするようにしています。

坂東　ちゃんと説明するどころか、上から目線で有無を言わさずみたいなことも少なくないですよね。

院長　ホームページの写真を見た人は、「やさしそうな先生やったから」とか、「話し聞いてくれそうやったから」と来られる人もいますから、患者さんはそういうことも求めているのではないかと思います。緊張しなくて、何でも聞けて、相談できて…というのを。

坂東　そういうのが信頼関係にもつながるのでしょうね。

院長　僕も、もう一人の先生も関西人で、いつも冗談ばかり言ってます。診察室も笑いが絶えないし、そんなフレンドリーな関係を持つことと、ちゃんと説明して納得の上で治療を受けてもらう、ということでしょうね。

坂東　笑いがあると、リラックスできますよね。そういうメンタル的なものも、不妊治療には大切なんですか。

院長　不妊に限らず、何でも病は気から…っていうくらいですから。信頼関係がちゃんとできていれば、風邪ひいた人に胃薬出しても治っちゃう。ブラシーボ効果ね。「あの先生に言われたからちゃんと薬飲まなきゃ…」みたいな感じで飲んでくれないと、薬も効かないから。やっぱり信頼関係ができてこそ、治療も百パーセントうまくいくっていうことだと思います。

▽全国平均よりはるかに高い妊娠率

坂東　インターネットを見て、遠方から来てくれる方も多いのですね。

院長　九州で自然周期の体外受精をしているところはほとんどないので、いいって噂を聞いて遠くからも来てくれますね。そういう人は、他院で色々な治療もしてきているし、40歳以上の人も多いので、治療は大変です。「今までいろいろやって、もうあと手がないよ」、「同じやり方しかないよ」みたいな。でもどう治療するか、あとはアイデアですね。

坂東　そういうケースでは、例えばどういったことをされるのですか。

院長　何回も体外受精やってだめで、もうあらゆるやり方をやってきているから、同じ治療をやっても一緒の結果にしかならないだろうって。あとはまだ使っていないサプリメントとか、酸素カプセルやスーパーライザー、運動療法、食事療法とかね。ア

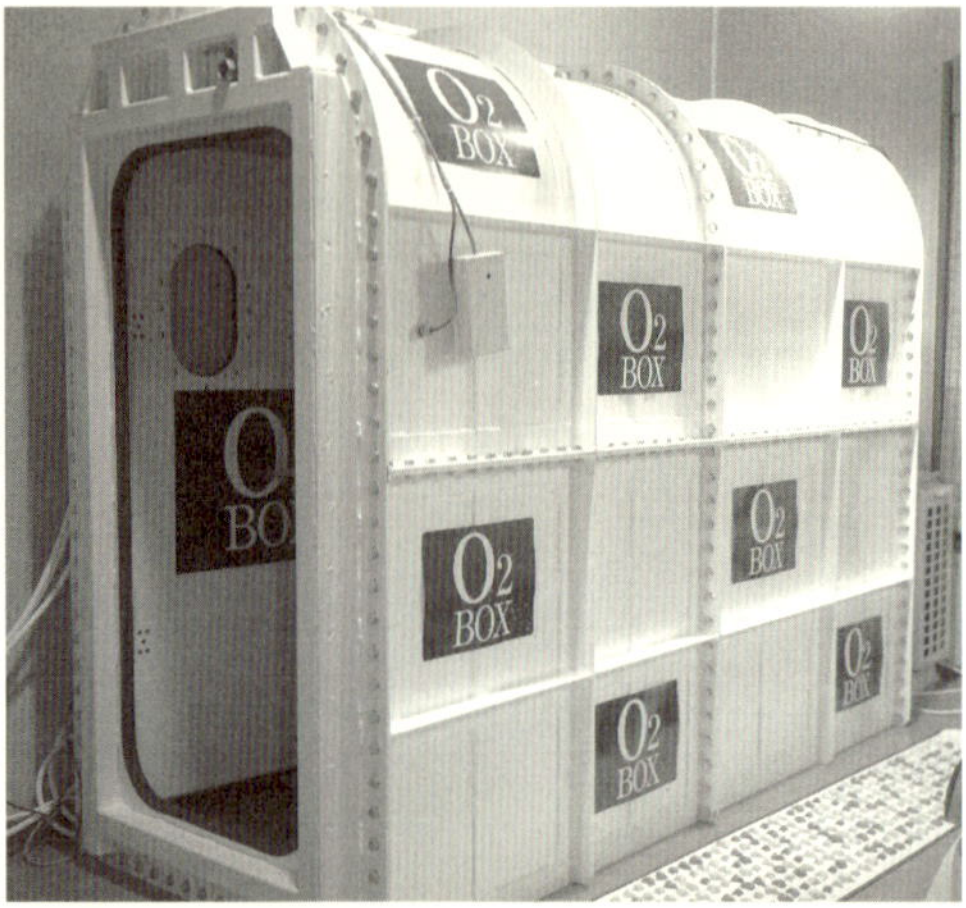

リハビリやトレーニングでリラックス効果を出す
酸素カプセル

イデアと工夫で何とか治療を成功させようという努力をして、ということですね。他でダメで、ここでうまくいきましたという人が沢山いるので、それがまた噂を呼んでくるという感じです。でも、それだけだと大変な患者さんばかりになっちゃう。

坂東　施設によっては、体外受精は40歳以上お断りというところもあるそうですが。

院長　40歳以降はなかなか大変だよね…。ちゃんと妊娠する人は妊娠するんだけど、そういう年齢の人ばかりやっていると、病院としての成績が落ちるよね。だから、年齢別にして成績出したりするのは仕方ないですね。でも、この前、スタッフが成績出してくれたら、ここは38歳以上のハイリスクの患者さんが多いけど、妊娠率は全国平均よりはるかに高かった。体外受精で全国平均で30％ってところだけれど、ここは全体で40％くらい。いったん凍結した卵をまた溶かして戻すっていうやり方だけ見たら、70％あるから破格の妊娠率ですね。全国平均を見ても、トップクラスなんじゃないですか。

坂東院長　そういう情報を聞いて、患者さんがやって来ること多いですか。

やっぱり患者さんからの紹介でね。同じように悩まれている方が、周りにいるんですよ。同僚、近所の人、同級生に紹介されてきたとか。姉妹で通っている人もいます。大体産婦人科って、親子三代で…という傾向があるんです。ここは不妊治療専門なのに併設するバースセンターでお産もできるので、バースセンターで出産した方が口コミで広めてくれているので特殊なんですが、総合病院ならお母さんが子宮筋腫で手術したら、娘はお産で…みたいな。一人が掛かって信頼があったら、子も、孫もという感じですね。

坂東院長　スタッフさんは、医師と看護師、助産師と…？

サポーターの人も、シーサイドテラピーなとか考えて頑張ってくれています。おかげで気功やヨガ、フラダンスなど毎日何か参加できるイベントも開催できています。

坂東　サポーター？

院長　心理カウンセラーやセラピスト、ヨガのインストラクターや治療経験者たちが参加するボランティア組織です。酸素カプセルや岩盤浴、スーパーライザーの説明や、体外受精前のリラクゼーションなど色々やってくれています。また、不妊相談員という形で、治療費の説明やよろず相談、おしゃべり会なんかも定期的に行っています。患者さんにリラックスしてもらう助けになっていますね。

診療科目によっては、患者さんは遠い医院でも選ぶ

自分はどんな医院で治療を受けたいか。どこにある医院に行きたいか。患者さん目線で考えてみると、自宅に近いところ、最寄り駅の周辺、最寄り駅からアクセスがラクなところ、あるいは職場の近く、というのが一般的なのではないでしょうか。

もちろん、そんな条件に関係なく、たとえアクセスがよくなかろうと絶対に治療を受けたい〝名医〟を訪ねていくこともあるかもしれません。

また、診療科目によっては、敢えて自分のテリトリーを避け、遠くにある医院を選ぶこともあるようです。

たとえば、美容整形やＥＤ、ＡＧＡ治療など自分の悩みやコンプレックス解消のために治療を希望するような場合は、できれば誰にも知られずに受診したいのではないでしょうか。近所の目が気になる自宅周辺や、知合いに出くわす可能性のある職場の近くなどは避け、少々不便であろうと離れた医院を選ぶことが多いようです。

また、心の病などで受診したいという場合でも、同じような傾向があるようです。

患者さんは、必ずしも立地がいいところにばかりに集まるとは限りません。駅前にオープンしたから、住民の多い住宅地に開業したからといって、必ずしも患者さんが来てくれるとは言えないのです。

自分が何を標榜するか、どんな治療をやりたいかということとともに、患者さんのニーズをよく考え、あなたの治療、あなたの医院にとっては、どこが最適な立地なのかをしっかりと見極める必要があります。

都内駅前でも繁盛しなくなったマーケティング事情

前章で、駅前にあるビルの上階にオープンしたのに、患者さんがほとんど来てくれなかったというクリニックの話をしましたが、今や、好立地に開業しさえすれば、患者さんは集まる…という時代ではなくなっています。

たくさんの病院、医院がひしめく中で、何もアピールしないでいたら、患者さんは気づいてはくれません。いつまでたっても埋もれたままです。

もう一つ、こんなケースもあります。

元々は、商店街の中にあった外科医院の例です。この商店街がリニューアルすることになったために、それまであったところを閉鎖し、近くの商業ビルの中に移転して再オープンすることになったのです。

そのビルは、駅から徒歩1分。オフィスビルも兼ねた立派な建物で、この立地、環境なら集患には最高。これまでよりもきっと患者さんが多く来てくれるに違いない。そう思われたのですが…。

フタを開けてみれば、なんと患者さんが激減してしまったのです。オフィスビル内の医院というのが、どうやら患者さんのニーズに合わなくなってしまったようです。商店街とオフィス街では、患者さんのニーズにはまるで別物だったのですね。

これまで来院していた患者さんたちにとっては、買い物ついでに気軽に入れる医院だからこそ治療を受けに来ていたようです。ショッピングも、治療もまとめて一緒にすませられる便利さ、安心感が患者さんを集めていました。

ところが、この商店街に来ていた人たちにとっては、立派なオフィスビルは入りにくいし、エレベーターを使ったりしないといけないのも何だかおっくうに感じられる。どうしても足が遠のきがちになってしまいました。

それに、商業ビルというのはテナントがコロコロと変わり、定住性がないのも、商店街の人たちにはデメリットに映ったようです。「いつかまた、この医院もなくなるのでは…」という不信感は「地域に根ざしている」という印象も薄れさせてしまって、患者さんたちには受け入れ難かったのかも知れません。

駅前のビルの中だから利便性がいい、ということでもないようです。必ずしも駅前が悪いというわけではありませんが、患者さんの心の奥では、「気軽に入れる」ということが利便性だったのでしょう。

患者さんのニーズを知ること、それが集患マーケティングです。ニーズの把握は、どれだけ細やかに、どのくらい奥深くまで突きつめていけるかが、医院が成功するか否かを握るカギと言えるのではないでしょうか。

医療機関ネットワークを活用する

少しでも多くの患者さんに来てもらって経営を順調に進めるためには、医療機関のネットワークを地道に構築しておくことも大切です。

孤高の医師も格好よいかも知れませんが、横でも縦でも同業者とのつながりを大事にすることは、集患という点からだけでなく、情報の収集、いろいろな意見を聞くことができるということからもメリットははかり知れません。

それは、ひいてはよい医師を探している患者さん、治療を受ける患者さんのためになることでもあります。

集患マーケティングだけをガンガンやっていくというよりは、そうしたネットワークを活用することを基本においた方が、いずれはうまくいくのではないでしょうか。

大学病院と近隣のクリニックとの連携が非常にうまくいっているのが、都内でも最大規模を誇る**帝京大学医学部附属病院**です（**成功医院院長インタビュー⑥**）。

病院と地域医療機関との連携を進めるしくみが作られていて、お話をうかがった下部消化管外科のホームページを見ると、連携しているクリニックの紹介も掲載されています。

これらのクリニックとの間では、定期的な勉強会や症例検討会、意見交換なども行われているそうです。

このようなネットワークを通して、患者さんを紹介してもらったり、小規模なクリニックにとっては大病院と連携しているということをアピールすることができたりと、お互いにウィンウィンのいい関係ができています。

連携しているクリニックにとっては、インターネットから直接患者さんを呼び込むというわけではなく、間接的にインターネット対策を行っているということになります。

医師会などのつながり、医大の同窓会、近隣の同業者同士の交流会など、チャンスがあればどんどん参加して、ネットワーク作りをしておくことは、いろいろな面で有効なのではないでしょうか。

〈成功医院院長インタビュー⑥〉

帝京大学医学部付属病院・下部消化管外科教授　橋口陽二郎

近隣クリニックとの関係強化で信頼度、認知度アップ

▽患者さんは近隣クリニックからの紹介で

坂東　紹介で来られる患者さんが多いそうですね。

教授　そうです。患者さんは、クリニックが勧める病院に行くということが意外と多いんですよ。だから、病院としては近隣のクリニックに強くならないといけない。患者さんには、近いということが非常に便利なわけですね。便利だし、場所も様子も大体わかっているし。

坂東　そうですね。

教授　大学病院が患者さんに多く来てもらうのに重要なのは、近隣のクリニックとの関係を緊密にすることです。というのは、近くだからといって必ずしもクリニックがうちを紹介してくれるとは限らない。特にこういう外科の専門的な手術を扱う場合は、クリニックから離れたところや、近くても別の病院を紹介することもあります。その理由は、クリニックの先生との人間関係だったりするわけです。出身大学だとか研究会、懇親会などでお互いの顔が見えているような緊密な人間的なつながりが重要です。

坂東　クリニックの先生とのそういうつながりが、最も基本的で重要な要素だと思います。近所のクリニックに通っていて、そこから近くの大学病院を紹介してもらって手術を受ける。そんな自然な流れが、患者さんにも便利で効率的でもあります。

教授　そういう患者さんを増やすのがいいわけですね。

坂東　それが第一の流れ。主流で幹になる部分ですね。それに、例えばマスコミで見たとか、インターネットで調べたということで来られる患者さんもいます。そういう方はある意味で非常に意識が高く、遠くから見えたりするわけです。もちろん患者さんが増えるメリットはありますが、中には病院を転々としていてすぐ他に移ったり、キャンセルされたりするとか、いろいろ難しい点もあるようです。

教授　まずは、近くのクリニックを固めて……ということですね。

坂東　基本的には、紹介してくださったクリニックと連携をとっていくようにしています。

ホームページの連携病院のコーナーで紹介させてもらったり、年に1回の連携会で、クリニックの先生たちの興味がわくような講師を選んで話してもらったり、治療内容の紹介、症例の報告なども行っています。

坂東　インターネットの集患対策はどうされていますか。

教授　もちろん、インターネットも重要です。ただ、いきなりネットで探して来られるというより、帝京は何をやっているのかという情報収集ですね。クリニックで紹介されたけれど一体どんなところか調べてみるとか、情報源としての役割は重要です。クリニックの先生たちがネットで情報収集されることもあるでしょうし。ちゃんと情報を出している病院と簡単なものしか出していない病院では、信頼度が違ってくると思います。ですから、一定のレベル以上のホームページを作るということは、今は、必須だと思いますね。

▽患者さんは病院のネームバリューを重視

坂東　他に患者さんを惹きつけるのは、どんなことがありますか。

教授　患者さんにとっては、病院の名前が重要な場合も多いですね。がんセンターやがん研をはじめ有名な病院は、わりとブランドとしてそこへ行くっていう感じの患者さんも多いですね。もちろん、そこに有名な先生がいるとか、高いレベルの治療が行われているということもあるのでしょうが、そんな偉い先生が辞めちゃっても、患者さんは行かなくなるわけではありませんよね。患者さんは一貫してそこへ行くし、その背景にあるのは有名な病院であるということです。病院の名前がいかに患者さんに影響するかっていうのを感じることも多いですね。

坂東 ネームバリューのあるなしは、実際のところ技術には関係あるのでしょうか。

教授 うーむ。ネームバリューのあるところは概ね大丈夫だと思いますが……。よく誤解されるのは、たくさん手術をしていれば、そこは非常にレベルが高いってことが週刊誌なんかで言われますが、症例数でどうして病院のレベルがわかるのか、全く理解できないですね。手術件数が非常に少ない場合はあまり薦められないですが、たくさん手術をしているところが、それだけいい手術をしていると、そんなことは必ずしも比例していません。本当のところは、例えば合併症が少ないとか、生存率が高いとかいうのが手術の質や成績であって、しかもそれは、患者さんの年齢や病気の進行具合などいろいろなバイアスがかかるから、直接の比較は難しいですね。でも、本当に優れた治療をしているかどうかは、そこです。治療成績と合併症の頻度です。それは、単純には評価できないから、データを集めやすく比較もしやすい症例数が多いところという話になるのでしょうね。マスコミに踊らされているとしか思えません。

▽集学的治療が大学病院の強み

坂東　下部消化器管外科の特色は何ですか。

教授　腹腔鏡手術率が高いことです。腹腔鏡でできるものは腹腔鏡でやるということを積極的に取り入れています。そういう手術に、抗がん剤などの化学療法、放射線療法など集学的治療を行っています。また、肛門をできるだけ温存できるようにＩＳＲ（内括約筋切除）の手術を行ったりしているのも特徴です。進行したがんの患者さんが多く、転移のあるステージ４の患者さんの比率は、国内の一般の病院の倍です。

坂東　それはどうしてですか。

教授　集学的な治療ができることと、転移巣の切除も積極的に行っているということです。進行がんを何とか治そうということに力を入れているからでしょう。一般の病院ではなかなかそこまではやれないので、隣接の病院などからもこちらに紹介されてきます。

クリニックからはがんを見つければ紹介していただけますが、一般病院からの場合は治癒切除や肛門温存などが難しい症例が選ばれて紹介されてくる印象です。

坂東　それは、やはり帝京大学の先生方の技術的レベルが高いということになるのでしょうか。

教授　そう思っていただけているとうれしいですね。一般の病院だと合併症が懸念されるような、かなり難しい症例が回されてくるというのは、いわゆる特定機能病院としての役割を果たしているということになりますから。がんセンターなどとは違い、余病のある方や高齢の方なども多く受け入れられるのは、がんに限らず様々な疾患の専門家がいる大学病院の大きな特徴です。また、クリニックとの関係でもう一つ重要なのは、紹介した患者さんの成績ですね。紹介された患者さんの経過は確実に報告し、その結果がよければまた紹介してくれます。信頼関係もありますよね。

▽日々の臨床で患者さんに説明を

坂東　患者さんとの信頼関係を結ぶためにはどうされていますか？

教授　よくコミュニケーションを取ることでしょうね。立場によって違いますが、主治医として自分が受け持って執刀するという中堅どころの先生たちは、日々の臨床で患者さんとコミュニケーションを取ることが重要です。医師って一般的に説明が足りません。全ての検査が出そろったら、その結果を家族も含めて一発で説明する、という形になりがちですが、患者さんは毎日検査を受けているわけで、本当は毎日コミュニケーションを取って、新しい情報が入ってきたら医師の方から説明する。どうも、患者さんが望んでいる量より、医師が実際に説明する量が少ない気がします。特に手術のときには、こんなこと、あんなことと起こり得る悪いことを全て説明しますから、聞く方は不安になってくる。説明するなら、人間的な温かみのある説明をしてあげないと…。杓子定規なのはよくないですね。

坂東　待ち時間対策などはどうされていますか。

教授　全部予約制ですし、待っている患者さんの動向はコンピューターで管理されていて、あまり待たないはずなんですけど。実際は、状態の悪い患者さんをすぐに入院させなきゃ、などということがあって時間がかかってしまったりすることもあります。しょうがないことですけど。

坂東　よくベッド数が足りないとかいう話がありますが？

教授　ウチは大丈夫です。すごく規模が大きいし、ベッド管理が柔軟で、診療科ごとの枠を越えた場合でも、空きがあれば他の診療科のベッドを使ってとりあえず入院させることができます。いつでも入院できるといっても過言ではないくらいです。また、ホテルみたいにきれいだし、病棟が明るくていいですよ。窓が多く採光がよくて気持ちいい。

坂東教授　ほかに患者さんにお伝えしたいことなどありましたら。

罹患率が急激に増えているＩＢＤ（炎症性腸疾患）センターを立ち上げました。いろいろな診療科がひとつになって治療を進めていますので、来ていただけたらと思います。

帝京大学板橋キャンパスにある
医学部付属病院

医師間ネットワークで、後継者選びを成功させる

仕事柄、いろいろなクリニックの院長にお会いし、お話しする機会が多いのですが、後継者がいなくて、悩まれている方がいらっしゃることに、少なからず驚いています。

最近は、個人商店や町工場などでも後継者問題は深刻化しているようですが、医業と言えどもこの悩みは変わらないようです。よい後継者に恵まれるかどうかは、経営の重要な部分であることは間違いありませんから。

普通に考えれば、院長のお子さんが継がれるというのが慣例なのでしょうが、少子化に加えて、多彩な職業の選択肢がある中で、必ずしも医師を選ぶとは限らなくなっているのが現状のようです。

それならと、医師のリクルーティングを行うことになりますが、自分が求める医師を見つけるのは、そう簡単なことではありません。

こんな場合に、同業者である医師同士のネットワークが、強力な味方になってくれることがあるようです。ふだんはネットワークのつながりなど顧みもしない人が、急に「いい先生いない？」などと言っても、誰も真剣に取り合ってはくれないでしょう。日頃からの

ネットワーク構築がものを言うはずです。

後継者問題に限らず、小さなクリニックにとっては同業者とのつながりは大切です。何かあったときに頼りになるのは、医師仲間かも知れません。

日頃からネットワークでいい関係を作り、信頼関係を築いて、よいタネを蒔いておきましょう。信頼関係があってこそ、初めてよい医師も紹介してもらえるのではないでしょうか。

銀座の**不妊治療クリニック・はるねクリニック銀座（成功クリニック院長インタビュー⑦）**も、そんなネットワークを通じて、次世代を担う女性医師の後継者にめぐり合い、現院長とともに診療にあたっています。

紹介による後継者選びはうまくいく確率が高く、期待通りの医師を見つけることで、患者さんの信頼感、安心感も増し、高評価につながる可能性もあるのです。

〈成功クリニック院長インタビュー⑦〉
はるねクリニック銀座理事長　中村はるね

銀座のステータス性を最大限に活かした不妊治療・婦人科クリニック

▽女医の希少性と本の出版が追い風に

坂東　まずは開業されたいきさつからお聞かせいただけますか。

理事長　1995年の開業ですが、それまで体外受精について勉強させていただいていた栃木・自治医大の先生から、栃木の方に患者さんを送ってくれるシステムを作れないかと、八重洲の小さなクリニックをポンと与えられた……というのがきっかけです。東京の中心ですし、まだ女医で体外受精治療をしている人はあまりいなくて、患者さんは全国から来ていただきました。それで3年ほど経って、ここ銀座に移ってきました。

坂東　いきなり銀座ですか。

理事長　銀座なんていうすごいところに来るとは、夢にも思っていなかったのですけどね。

坂東　では、なぜ…？

理事長　たまたま不動産屋さんが「どうせやるなら銀座がいいよ」と家賃を少し負けてくれたり、体外受精治療をやっていた先輩の先生方が応援してくれたり、度胸と運だけでやってきたっていう感じですかね。

坂東　度胸ですか。

理事長　怖いもの知らずで。田舎者ですから、銀座が恐ろしいところなんて知らず、ただ女性医療と体外受精など不妊症関係をやりたい一心でした。当時八重洲の方のカルテが何千枚かあり、それを引き継ぐことができました。患者さんの基盤はできていて、患者さんもスタッフも皆ここに来てくれました。経営のこともわからずに走り続けて20年です。

坂東　銀座でそんなに続けてこられた、成功の要因は何だと思われますか。

理事長　走り続けたことかしら…。　開業したときは、とにかくやんなきゃいけないという使命感と、与えてもらったものを引き継いで発展させたいという気持ちです。幸い当時は競合が、特に女医が少なかったこともあったかもしれません。普通の女性医療をやっている方は2〜3人いましたが、不妊症がメインというのはほとんどありませんでした。研修医時代に勉強に行っていた大御所の先輩女医さんの紹介で、本を出すというお話もいただきました。

坂東　本を出されたのですね。

理事長　今まで製本で10冊くらい出させてもらっていますが、特に当時は、よい宣伝にはなりました。今はもうネットの時代なので、ネットでアピールすることが必要だと思いますが。

坂東　女医さんに診てもらいたいという患者さんが多くいらっしゃるということですか。

理事長　その時代は、特にそうだったと思います。その本を出したことで、全国から相談やセカンドオピニオンなどで来てくださる方もいらして。あと「日本の5人の女医」ということで、女性週刊誌に取り上げていただいたのも反響がありました。

▽クリニック運営の基軸はスタッフ人事

坂東　今は、女医さんは増えていますか。

理事長　増えましたね。この周辺だけでも相当いますし、不妊症のクリニックも銀座だけ

「ご意見箱」を待合室に
設置している

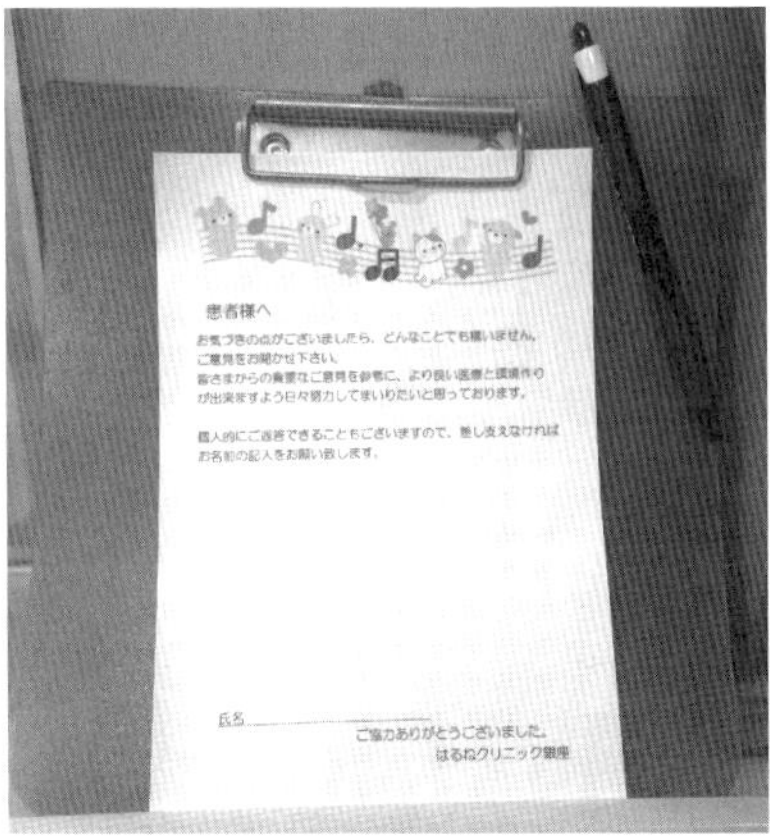

患者さんの意見を取り入れる用紙

で数軒以上ありますから、患者さんは散らばってしまっている状態ですね。

坂東理事長　ネットでも競合が出てきていますね。
そうなんです。検索でも、違うクリニックがポンと上に出てきて驚きます。どこか地方の先生なども分院をこちらに開いたりされていて、やっぱり銀座って日本の中心なんだと改めて感じますね。その中で生き抜いていくことが大事になってきています。

坂東理事長　集患対策はどうされていますか。
インターネットですね。患者さんは、スマホで調べて来られる方がほとんどです。それに、よく講演をさせていただくので、それを聞いて来院してくださる方もいます。

坂東　講演も集患につながりますね。

理事長　そうですね。女性医療のはしりみたいな形で、不妊治療をメインにずっとやってきて、自分自身も勉強することがたくさんありました。特に、開業医にとって経営が一番問題だということに気づかされました。医師は、そういう経営の勉強を大学生のうちにやっていない。そんなこと考えもしませんでした。

坂東　特に何が大変でしたか。

理事長　建築会社や人にだまされたりなんてこともありましたが、何より先輩の医師の方々にはいろいろ助けていただきました。一番難しいと思うのは、スタッフをまとめるということです。人事は大変ですね。ナースさんをそろえたり、培養士さんをそろえたり、事務員さんをそろえたり、スタッフは全員女性なんで結婚、妊娠、出産で辞める人もいて……その繰り返しですからね。でも、昨年、後継者としてとてもよい先生を紹介していただけて、本当によかったです。いろいろ大変だけれど、今、頑張ってくれていますよ。

▽月に一度は不妊セミナーを開催

坂東理事長　治療面での独自性というものはありますか。

女性医療、特に不妊症がメインですが、不妊症も一般治療からステップアップして人工授精や体外受精などもやっています。特に、体外受精といってもいろいろなやり方があって、その技術者、培養士というのですが、そこをうまくやるというのがとても大事なんです。あとは、院内のコミュニケーションも大切です、ドクター、培養士、ナース、カウンセラー、事務、それに今は漢方薬剤師の方にも来てもらっていますが、全員で不妊に関わるあらゆることを考えていかないと、44〜45歳で大体妊娠が打ち止めになってしまいますので。いろんなことを組み合わせながら、技術的には体外受精は培養士の腕にかかっています。

坂東理事長　培養士さんとは…。

エンブリオロジストと言いますが、これが重要なんです。腕のいい人を育てて、一緒にやっていかないといけません。だから、勉強会にも行ってもらって、彼女らと他のスタッフとのチームがいつも連絡を取り合えるようにしています。それに月に1回は不妊セミナーを開催し、患者さんにも来ていただいて、各スタッフが発表したりしています。そういう場を通して、コミュニケーションをとっています。患者さんには、アンケートに答えていただいて、改善すべきところは改善していくようにしていますし、第一子のときの感想を後でハガキで送ってもらって、第二子につなげるようにもしています。

坂東　患者さんは大体44～45歳までというお話ですが…。

理事長　60歳になっても妊娠を希望される方はいることはいます。15年くらい前までは、80％くらいが妊娠して卒業されていったのですが、今は、患者さんの年齢も上がって40歳前後の方が多く、50～60％くらいでしょうか。できれば早めに受診をされるように啓蒙していくことが大事かもしれません。若ければ若いほど妊娠率は高く、早く受診されれば、早めにステップアップ治療が行えます。講演をするときには、そんなお話もしています。

坂東　患者さんのためにですね。

▽女性の一生を診てあげたい

理事長　もちろんです。どうしたらこの患者さんに「はるねクリニックに来てよかった」と言ってもらえるだろうか…という医療を常に考えています。患者さんの中には、不妊治療を卒業されて更年期を迎え、先生に診てもらいたいと来てくださる方が多いのですが、そういう女性の管理もしていかないといけません。医療としては、女性の生涯を診てあげたいと思っています。一生涯を一緒に考えながら。私は悩みも何でも聞いてあげちゃうタイプなんですね。

坂東理事長　それが信頼関係につながっているのでしょうね。

私は、まず最初にお話をよく聞くんです。旦那さんがどうとか、昔お子さんを亡くしたとか、それぞれに社会的な背景が必ずあるので、そういうことを把握して、カルテなどにちょっと書いておく。次にいらしたときに「こんなことがありましたね」などとお話すると、「覚えていてくれた」と親近感、信頼感を感じてくれるようです。婦人科は、特に突っ込んだ話がありますから、そういうことも聞いてあげる。ウチにはカウンセラーもいますから、いろいろな話を聞いて、それもメモしてもらっています。今後も、スタッフとのコミュニケーション、患者さんとの情報共有などを常に頭に入れながら、やっていくことが大事だと思います。

清水真弓院長

第5章

患者さんとの信頼関係を確立する

✚最新医療よりも医師の人間性が大事

集患対策の一つとして、患者さんが患者さんを呼ぶような施策が打てると、非常に広がりが出てきて効果があります。この口コミというのが、本当は理想なのです。特に、患者さんの周囲には同病の人が多いものですから、人から人へと伝わる評判は、実はかなり有効と言えます。

ただ、現在のようなネット社会では、ちょっとした誤解などで評価を落とすことは簡単ですが、評価を急上昇させるということは、そうそう意図してできることではありません。

そして、そんな評判の上がり下がりは、実は医師の対応、人間性などに左右されることが大きいようです。

医療ミスとか治療上の不信感などは論外として、一般に、患者さんに信頼される医師像というのは、親身になってくれるとか、誠意ある対応をしてくれるということから形成されることが多いようです。

医師というのは、頭がよくてクールな感じの人が多い中で、例えば、患者さんの目をしっかり見て話しかけてくれたというようなことでも、「ありがたい」と感じる患者さんは少なくないようです。

一方で、カルテからまったく目を離さずに話していたとか、ふんぞり返ってニコリともしなかった…などと、患者さんが不快に感じられることがあると、今やその声がダイレクトに反映されるような状況にあります。インターネットの口コミは、看過できないものがあります。

たとえどんなに腕がよい医師であろうと、そんなことから一挙に低評価になるということも珍しくありません。

特に、クリニックに限って言えば、患者さんはすごい最新医療を求めるというよりは、人間的に信頼できる医師を求めているような気がします。

というのも、私が日頃おつき合いをさせていただいているクリニックの中でも、患者さんがたくさん集まる人気のあるクリニックは、そういう雰囲気をかもし出しています。

患者さんはもちろん、私のようにビジネスで訪ねていく人間に対しても、人気のあるクリニックの医師やスタッフはとても親切です。

ここだけの話ですが、私たちや業者さんなどに横柄な態度をとるようなところは、やはり患者さんにも評判がよくありません。

医師というのは、尊敬されるべき存在ではあると思いますが、えらそうにする必要はないのです。クリニック運営のためにも、誠意ある対応をしていかないと、後々苦しむことになりかねません。そのことに気がついていない人が、意外に多いのが現実のようです。ちょっとしたことで低評価が加えられて、パッと世に知られてしまう時代です。そのことは認識しておいた方がよいかも知れません。

患者さんとの対話の時間・回数を大事にする

患者さんの信頼感を得るには、できるだけ患者さんとのコンタクトを多くすることです。患者さんの話に耳を傾ければ、漠然とした悩みも吸い上げることができやすくなります。

今回お話をうかがった先生たちの中には「できるだけ対話の時間、回数をふやすようにしたい」とおっしゃって、その必要性を痛感している方も少なくありませんでした。

患者さんの不安感を軽減するということからも、信頼感を持ってもらうということからも、患者さんとの対話は大切です。信頼関係ができれば、ちょっとしたことで評判が落ちるということもなくなるはずです。

でも、実際は患者さんがたくさん待っている中、限られた診察時間でなかなか実現できないというのが現実です。

また、ふんぞり返ってはいないまでも、ずっと難しい顔で接していた医師が、急にニコニコ顔で悩みを聞いて……というのも無理があります。患者さんのほうも、口を開きにくいのではないでしょうか。

その分は、受付やカウンセラーなどのスタッフが患者さんのよい話し相手になって、医師との間のつなぎ役になってもらえるような関係を作るのが望ましいでしょう。

また、対話の時間を多くとるのが難しくても、信頼関係を作ることは決して不可能ではありません。

これは知人の話ですが、年に1回だけ診察を受けている病院ですが、主治医は「○○さん、その後大丈夫でした?」「お腹の調子は、どうです?」などと、昨日会ったように話しかけてくれるそうです。

必要以上に親しく話すわけではありませんが、1年ぶりという感じなどおくびにも出すことなく、〝いつものように〟自分のことを心配してくれる様子がとても好印象で「信頼できる」と感じるそうです。

無理に時間を割かなくても、苦手な笑顔を無理やり作ろうとしなくても、患者さんの信頼感を得るのは不可能ではないのです。誠実な応対、さりげない思いやりやさしさなど、医師だから……というより人間力が問われるのかもしれません。

院長ブランディングで他院と差別化

今は〝何を売るか〟よりも〝誰が売るか〟というのが重要視されている時代です。何かを売ろうとする場合にも、作る人、売る人の顔が見えて、その思いや考えが分かるようにすることが求められています。

医業経営も同様です。患者さんにクリニックに来てもらおう、治療を受けてもらおうと思ったら、まず誰がやっているのかを知ってもらうことが重要です。

ずっと独自性を出すという話をしてきましたが、実際のところ、小規模な、しかも医療機関にあって過激な内容で独自性を打ち出すことは難しいかもしれません。

そこで、私がお勧めしたいのは「院長ブランディング」です。

院長をブランディングする、つまり〝院長自身をブランドにする〟ことで、他院と差別化するという手法です。

確かに、治療方法や理念も大切です。でも、これらを打ち出して差別化を行うことは、とても難しい上に、患者さんに飽きられる傾向があります。

例えば、「〇〇治療法」が注目されるようになり、それをメインにしてブランディングしたとしましょう。患者さんがたくさん来てくれて、集患に成功！　と思いきや、この治療法、一時は流行りましたが、すぐに流行が下火になり、患者さんも激減……こんな顛末もあり得るのです。

これは、集患の波の激しいリスクのあるブランディングだったということになります。やはり集患対策は、毎月安定的に集患できないといけません。まずは、流行などに影響されることのない、不動のものを柱とする必要があるのです。

つまり、クリニックに絶対必要な存在である院長を柱にしてブランディングを行えばよいのです。これこそが、患者さんから信頼され、反響をよくするための近道なのではないでしょうか。

その手っ取り早い方法として、まずホームページには、院長自身のプロフィールを必ず掲載します。できるだけ詳しく記載します。たとえば、なぜ医師を志したのか、ということから話すのもよいでしょう。それもひとつのブランディングです。

患者さんは、医師の学歴などを必ずチェックします。学歴がいいからどうということでなく、たとえば、こんな劣等感があったとか、少年時代のこういうことがきっかけで医師を志すようになったとか、そういうディテールが大事です。苦労話なども、ブランディングにはもってこいかも知れません。

たまには、趣味のことなどを入れたりするのもよいでしょう。親近感を与えるなどの効果的なテクニックと言えます。

また、院長の写真は必須です。ホームページのアクセス解析を行うと、医師・スタッフのページは、必ず見ていることがわかります。何と言っても、患者さんがもっとも関心があるのは、技術云々よりも人だと思います。

写真は、明るい雰囲気にすることが大事です。特に、笑顔を忘れないようにしてください。文章も読んだ人に伝わることが重要なので、わかりやすさを心がけましょう。専門性の高い話も、できる限りわかりやすい表現にしてください。

待ち時間もストレスを与えない工夫を

病院に行ったことがある人なら誰でも、診察を受けるまでに待ち時間が長くてイライラした……という経験が一度や二度はあるでしょう。

でも、そんなストレスを感じたまま診察を受けることになったら、患者さんにとっては、信頼感も何もないのではないでしょうか。

本来なら待たせないこと以上に効果のある対策はないのですが、自由診療などの完全予約制ならともかく、そうでなければ、ある程度の待ち時間は仕方のないことです。それなら、少しでもストレスを感じさせないことを考えるべきでしょう。

ストレスを感じる原因は、いつになったら自分が呼ばれるのか、いつまで待たされるのかわからないということにあります。

同じ待たされるにしても、あとどのくらい待てばいいのかの目安がわかると、イライラは少ないものです。「あと何番目なので」とか「前の患者さんが○分くらい延びそうなので…」などと、スタッフがこまめに伝えるようにすると、患者さんも少し安心できます。

また、できるだけ来院前にウェブ問診表に書いて来てもらうようにすると、診察の時間短縮になるでしょう。

何かと落ち着かない雰囲気の待合室は、イライラを募らせます。できるだけ患者さんがゆったりとリラックスできるような雰囲気づくりを工夫するようにしましょう。

本や雑誌が雑然と置かれていたり、チラシやパンフレット、それに装飾品などもゴチャゴチャしていたりするのは考えものです。TVをずっとつけておくのか、BGMを流すのか、グリーンを置くのか、アロマでリラックスしてもらうのか……ストレス軽減のために工夫できることはいろいろありそうです。

〈成功クリニック院長インタビュー⑧〉

不二歯科クリニック院長　木内不二男

医師の人間性と経験力が経営を継続させる

▽開業当時は1日100人の患者さんを治療

坂東　開業された当時はどのような様子でしたか。

院長　開業は1965年で東京オリンピックの翌年です。経済成長の真っただ中でしたが、当時は本当に歯科医が少なかったです。特にここは郊外で医師がいなくて、患者さんが引きも切らない状態でした。1日100人、朝8時から夜中の12時くらいまで診療していました。

坂東　診療時間外でも、延長してですか。

院長　この地域の人口8万人に対して、歯科医が8人。夜中まで診るしかなかったですね。私も若くて、体力には自信があったしね。で、そのうちだんだん歯学部のある新制大学ができて…。開業当時は東京に歯学部は4大学にしかなかったのが、雨後のタケノコみたいに次々と大学が新設され、6年経つと歯科医がどんどん世に送り出されるようになって、今は過当競争の時代ですね。駅前に6～7軒は必ず歯科医院がありますからね。

坂東　歯科医院はコンビニの数より多いとか。

院長　こんな状況下、卒業したての若い医師は、経験豊富な医師に技術的にはかなわない。患者さんは目が肥えていますから、「あの先生は早く上手にやってくれる」とか、「こっちの先生は技術的に物足りない」とか批評が出てきます。若い医師は学校で教わったことはわかっても、症例の蓄積がないから応用が利かない。苦戦を強いられることになるわけです。

坂東　そうなんですね。

院長　一つ問題は、若い医師は大学にあるのと同じようなシステムじゃないと治療が進められない。設備投資にやたらとお金をかけてしまいます。

坂東　どのくらいかけるものですか？

院長　5000万円くらいかけているのでは…。それに、テナントなら家賃もあるし、みすぼらしいのはイヤだと、どんどん投資してしまう。これで患者さんが来てくれなければ、すぐに、はいそれまで……となってしまいます。ベテランならある程度の蓄えもあるでしょうが、若い医師は過酷な状態にある気がします。私が開業した50年前なら、小さな診療所にユニット1～2台でできたのに、今はあれも買わなきゃ、これもなきゃダメだって投資にお金がかかるようになってしまいました。日本には保険制度があって、ぜいたくしなければ最低限の生活はできるけれど、それなりに高い医療機械なんか買うとやっていけなくなってしまいます。私たちの時代とは違ってかわいそうです。

▽「自分が患者さんだったら…」と考える

坂東　治療方針は時代によって変えてきたのでしょうか。

院長　歯科は狭い口腔内で疾病疾患も限られています。一番あるのは〝痛い〟ということ。この痛みをいかに少なくしてあげるか、これがずっと私のコンセプトです。「自分がこの患者さんだったら、どうされたいのか」ということを考えるしかなかったで

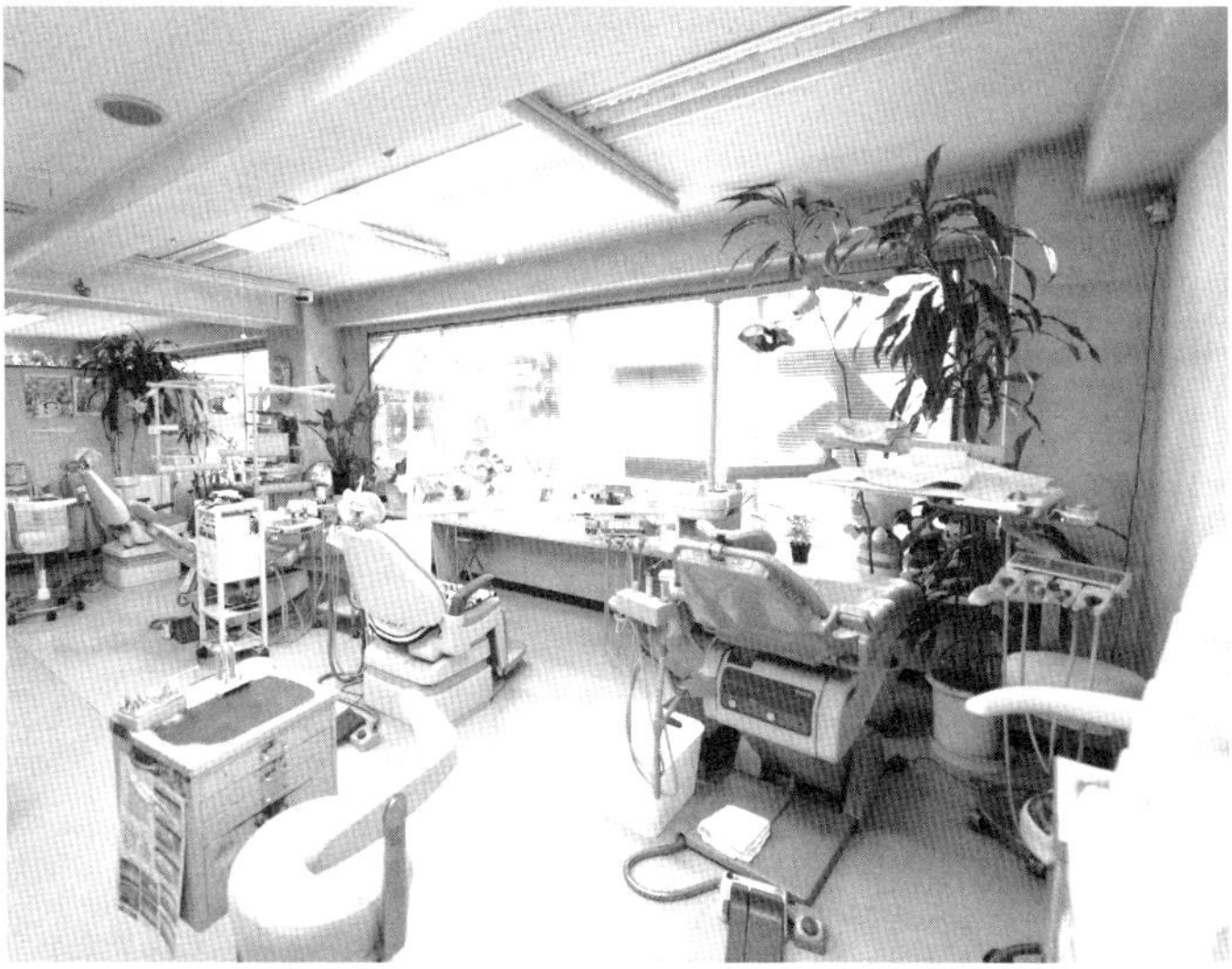

観葉植物などリラックス効果のある緑を多用した診察室

すね。それが今、麻酔がよくなり、レーザーを使うようになった。レーザーなら、無痛で殺菌ができるし、切開もできるし、麻酔薬なしでできる。これからもっと進歩するでしょうね。

坂東　レーザーなら、あのガガガガーっていう音も聞かなくてすむ？

院長　タービンで削る音もないし、麻酔もしなくていいし…。麻酔でアナフィラキシーショックを起こして死ぬ人もいますからね。ごく初期の虫歯なら、レーザーで十分です。大きな虫歯だとレーザーよりもタービンで削るほうが非常に早くできますよと、そんなことも言ってあげないと。技かなきゃダメだけれど、技を持たない医師は、患者さんのためにやさしく、親切丁寧、思いやり、これが大事です。まだ経験の少ない医師が開業する場合、技術的にはまだ優秀じゃない。そしたらコンセプトですね。ヒューマン、これしかないですね。

坂東　人間性ですか。

院長　そう。それに尽きます。私も開業50年ですが、20年くらい前にやっと気がつきました。患者さんのためを思え、なんていうキザな言葉じゃダメですね。この人の症例が自分だったら、自分がもしこういう状態で、こんなに腫れてきたらどうしようかなと思います。よく患者さんの身になれっていうけれど、自分ならどう言われた方がいいか考えるようになったのが、その頃です。医師は、人を治すっていう大それたことをやる。神じゃなきゃできないって言われたことを医学という学問でやるわけです。それにはヒューマンリレーションがなければできません。だから、大学で教わってきたセオリー通りにやればいいっていう感覚じゃだめですね。

▽ヒューマンリレーションの大切さ

坂東　そのヒューマンの部分は、大学では教えてくれないですか。

院長　教養の時間があって、倫理みたいなことは教えるんですけどね。大学もあまり重きは置いていていない。昔は学校で教えなくても社会が教えてくれたし、医療行為の中にもそういうものがあったと思うんですよ。だから、痛くないように抜いてあげなさいとかね。でも、痛く抜いちゃう医師もいる。技術の問題なのか、ヒューマンの問題なのか。セオリー通りだと痛いから麻酔の量を加減するとか、治療も十人十色ってことです。ケースバイケースというのがヒューマンです。

坂東　そういうヒューマンが、患者さんとの信頼関係を結ぶことになるのでしょうね。

院長　それは、スタッフにもないとだめですね。患者さんが一番最初に会うのは受付で、そこでつっけんどんにされたら、医師と対話しても気持ちは離れますよね。受付でソフトタッチで温かくやってくれると、心を開いてくれるわけです。

坂東　待ち時間対策はどうされていますか。

院長　待合室は、患者さんが静かに待っている場所じゃなくて、いかに自分の診療所のコンセプトを患者さんに知っていただくかという、そういう場所にしないと。テレビでコンセプトやお知らせを流したり、エクササイズもできるようにしたり……。

坂東　緑も多いですね。

院長　緑は殺菌作用もあるし、空気の清浄にもいいです。今の先生は、診療所にお金をかけてきれいにしてやっていこうって言うのはいいんだけど、〝足るを知る〟という言葉も知らないといけません。患者さんのために頑張るっていうのがなければ、施設をいくら立派にしてもだめです。背伸びしてお金かけても、借金返せなかったらしょうがないですよね。

▽患者さんと心を通わせなさい

坂東　過当競争の時代、患者さんの奪い合いや経営的に苦しいところもあるのでしょうね。

院長　奪い合いと言うより、昔は患者さんは歯科医を選べなかったのが、今は選べる時代になりました。患者さんは幸せだけど、私たちにとっても幸せです。今は1日100人なんて治療していないし、考えれば、当時はずっと応急処置をしているだけでした。歯科医としては、今のほうが充実感はあります。患者さんと対話ができて提案ができて、希望も聞いてあげられます。昔はそんな時間は全くなかったから。医院の経営もいろいろなやり方があるのでしょうけれど、オンリーワンにならないとだめです。ナンバーワンなんか、すぐ抜かれます。

坂東院長　不二歯科様のオンリーワンというと何ですか。

さっき言ったヒューマンです。患者さんに喜ばれることです。今の医師は借金を返すのに一生懸命でかわいそうです。これからはオンリーワン的な技を持たなきゃ。私はナンバーワンになろうと昭島で最初に矯正をやったし、レーザーも最初に入れました。でも、今はそんなのざらです。オンリーワンは何かといったら、ものじゃない。患者さんとのフレンドリーな関係。これがないと、高い自費診療なんてやらせてくれません。それが大事です。

坂東院長　そうですね。

若い医師も、年寄りの医師も、経験があってもなくても、ハートフルでいくってことはできます。親切丁寧、思いやりを持つのは誰でもできることです。人間関係ができれば、患者さんは受け入れてくれます。「何かうまい秘訣は？」って聞かれても、そんなものはありません。患者さんと心を通わせなさいってことしかありません。「自分だったらどうする？」と、身につまされて考えなきゃ。私も30年くらいやって、ようやく気がついたんだけどね。後輩に贈る言葉はそれだけです。

患者さんに紹介してもらう

先ほど、患者さんは口コミが理想的と述べましたが、口コミ情報をもとにして成約に至るケースが多いのは事実です。そんな口コミの効果を上げるには、患者さんとの信頼関係を作っておくことが欠かせません。

患者さんに信頼されていなかったら、誰もよい評判は流してくれませんし、特に身近にいる同病の患者さんを紹介してくれるなどということはあり得ないでしょう。

日頃の治療を通して、患者さんに「いい先生」と思ってもらうことが、何よりの集患対策と言えるのです。その上で、口コミを広めるための手法もあります。

そして、ホームページはもちろん、ブログ、院長コラムのページには、フェイスブックの「いいね」ボタンやツイッターのボタンを挿入しておくとよいでしょう。

そうすることで、ソーシャルネットワークの口コミ情報から、クリニックの情報を広めることが可能になるのです。

無料で使えるものは、何でも積極的に活用して集患に活かすようにしてください。あちこちにタネを蒔いておくことは、たくさん花を咲かせるためには欠かせません。

第6章

患者さんを救うための「バンドウ式医療マーケティング」

医療マーケティングに貪欲に取り組む

患者さんたちにとって、自分に合った医師や希望に沿う医療機関を探したくても、実際のところ、なかなか探しあぐねているのが現状です。こんなにいろいろな情報があふれているのに、「ここに行く!」と思えるところに出会うのは困難なことです。

〝名医〟と言われていても本当のところは分からないし、雑誌やネットのランキングなども、どうも信じ難い……そんなふうに迷っている患者さんはたくさんいます。

昔なら、クリニックを開設すれば、患者さんの方で気づいてくれて、黙っていても来てくれる、ということもありましたが、そんなことは、今や夢物語かもしれません。

医療機関の方から知らせる努力をしなければ、患者さんは気づいてはくれません。たとえ気づいてくれたところで、やって来てくれるとは限りません。

ここまで述べてきたように、患者さんに来てもらえるためのマーケティングを行う必要があります。今は、インターネットというコストのかからない手段があります。これを上手に使えれば、マーケティングはそう難しいことではないのです。

患者さんは〝名医〟を探しています。とは言っても、医師は皆、国家試験をパスしていますし、ある程度のレベルをクリアしていることは間違いありません。

そういう中で、漠然とした〝名医〟を探すというのは、初めから困難なのです。求めているものがはっきりしていない状況で、患者さんに「いかにあなたが求めている医師か」という判断材料にしてもらうために、情報発信を行うべきです。

患者さんに見つけてもらうために、つまりは患者さんを救うために、医師ができることは、〝名医ベスト10〟に入ることより、自分の思いや取組みを訴えて、その患者さんにとっての名医と思ってもらうことしかありません。

いくら患者さんを救いたいと思っていても、どんなに強い思いを抱いていても、見つけてもらって来てもらわなければ、患者さんに何もしてあげられません。たくさんの患者さんを救いたいと思うなら、積極的にマーケティングを行い、患者さんにとっての〝名医〟であることをアピールしていきましょう。

ホームページのデザインはプロにまかせる

チラシなどの紙媒体による広告は、年々反響が落ちている反面、患者さん一人を獲得する費用も高額になっています。小規模事業所や商店などの資本力では、広告を出すのも厳しくなっていますが、医療機関も例外ではありません。そんな時代、どんどんインターネットを中心とした集客、集患対策を行うことが急務と言えます。

インターネットの集患対策を行うなら、まずホームページは欠かせません。

ホームページは、何よりも患者さんに伝わりやすいものを作ることが第一です。そして、ホームページを作ったら、常に更新をしていくことが重要です。さらに、検索上位に表示されるための対策や、アクセスを増やすための対策が欠かせません。この3ステップが決め手になります。

ホームページを作成する場合、「自分でそのくらいできるよ」という人もいるでしょうが、デザイン性などからも見ても、プロに任せることをお勧めします。ただしプロの中でも実力の差がありますので、しっかり見極めて信頼することにしましょう。

インターネット集患の核とも言える大事なホームページです。ここは、一番投資が必要な部分だと思います。

反響の高いホームページにするには、4つのポイントがあります。

① 専門性の強調
② 院長ブランディング
③ 権威

④　患者さんの声

医師の権威づけも重要な要素

①②④については、これまでにも述べてきました。

治療方法やサービスなどを特化して専門性や独自性をアピールし、特に、院長自身をよく知ってもらった上で、アクセスする人と同じような患者さんの生の声を伝える、というのが効果的です。

③の権威というのは、受賞歴など特筆すべき経歴などのことです。また、クリニックの自慢できることでもよいでしょう。

「○○で症例数3000件」などでもかまいません。とにかく前向きなイメージと、安心感を与えることが大切です。

これを見た患者さんに「この先生に診てもらいたい！」と思わせるようなことを示すことです。患者さんの安心感は、ホームページの反響にダイレクトに結びつきますから、ぜひ入れるようにしてください。

ホームページを公開したら、序章で触れたSEO対策、リスティング広告なども活用して、アクセス数を増やし、多くの人に見てもらうような対策を取るようにしましょう。ホームページは、情報更新をこまめに行うこと、ページ数を多くしていろいろなトピックについて記載することです。更新回数とページの量産はSEO対策にも有効です。

さらには、フェイスブック、ツイッターを初めSNSを活用してアクセス数を増やし、ホームページへ誘導するとよいでしょう。必ず自院のホームページに誘導させることが肝心です。情報は、できるだけ患者さんのためになる情報、特に専門分野に関するためになる情報を発信するのが理想的です。それが、必ず患者さんの信頼感獲得につながっていきます。

スマホ・サイトの充実もぬかりなく

インターネットでも、スマホでアクセスしてくる患者さんが多くなっています。スマホの普及率は年々高くなっていますし、クリニックの看板を見ても、チラシを見ても、クリニックの前を通っても、まずはスマホで確認してみてから……というパターンが多くなっています。

このような状況では、スマホでアクセスできないと、クリニックに来てくれる率、選ばれる率が減ってしまいかねません。

特に女性の場合、パソコンで探して訪れるという患者さんは少なく、ほとんどがスマホで検索して探していることがわかっています。

女性がメインのクリニックであれば、スマホのための対策をしておかないと、せっかく探してくれている患者さんに見つけてもらえないという可能性が大です。スマホ特有の対策を急いだ方がよいでしょう。

それは、スマホ・サイトを充実させることです。

スマホでは、特に認識性が重要です。パッと見てわかりやすいことですね。スマホ特有のタテ長画面の中で文字の大きさに気をつけたり、文章だけだとどうしてもわかりにくいので、図をうまく活用したりすることが必要です。

パソコンのホームページでも、メイン画像の風景とかコピーライティングが大切ですが、スマホもパソコンとまったく同じに表示していたのではNGです。

小さい画面のスマホに合わせたメニュー表示の仕方が必要です。また、問合せの電話番号のボタンを見やすいところに置いたりするなど、スマホ用にカスタマイズするようにして、患者さんが見つけやすくしてください。

患者さんアンケートでニーズを取り入れる

医療マーケティングは、患者さんのニーズを把握することです。ニーズを知り、それを活かしたクリニックづくりをしていくことが重要です。

そのニーズは、どうやって把握したらよいのでしょうか。

ベストな方法は、すでに来てくれている患者さんに聞くことです。これ以上の方法はありません。

スタッフと気軽に声をかけ合えるいい関係が構築されていれば、さりげなく意見や要望を聞いてみるのもよいでしょう。あるいは、アンケートをとって聞くということも、とても大事なことです。

・どのような診療をしてほしいのか
・どのような設備があるとよいか
・スタッフの対応はどうか
・他のクリニックなどで気になるところがあるか

というような内容のアンケート用紙を用意しておいて、帰りがけでも、待ち時間でも自由に書いてもらうようにするとよいでしょう。

私はインターネット集患を主にやっていますから、どういうキーワードで検索して来てくれたのか、ということも記載してもらうようにしています。

患者さんは、どのようなニーズがあって、どういうキーワードで探して来てくれたのかがわかると、対策がしやすくなります。

そのキーワードで検索の上位表示をすれば、もっと来てもらえるようになるとか、いろいろな手が打てるわけです。

患者さんの生の声には、いろいろな集患のヒントがたくさん詰まっているのです。素直に耳を傾け、感度のよいアンテナで大事な情報をがっちりとキャッチしてください。

スタッフ間で情報を共有する

ある歯科医院に通っている患者さんが、こんなことを言っていました。

彼は、治療のときに顔に口の部分だけが開いたタオルをかけられるのがどうしても苦手で、一度、

「タオルをかけないでください」

と、スタッフにお願いしたことがあるそうです。

そして、次に治療に行った際、この前とは違うスタッフだったので、また同じことを言うのはイヤだな、面倒だなと思っていたら、ちゃんと情報が伝わっていて、タオルをかけられなかったのがありがたかったそうです。次も、その次も同様でした。

本当に些細なことではありますが、いちいちそんなことを言わないといけないということも、患者さんにとってはストレスになります。

それを回避することができたということで、患者さんは看護師やクリニックに対する安心感、信頼感を感じるようになりました。

患者さんの要望、希望をしっかりと受け止め、それをスタッフが共有することで、このようにかゆいところに手が届くような対応が可能になります。

病状はもちろんのこと、患者さんの性質、特徴、望むことやイヤなことなど、全てを把握して、医師から看護師、スタッフまでが共有できるようにすると、信頼感の構築に非常に効果があります。

この患者さんは、こんな話題だとノッてきやすい……というような情報もよいでしょう。リラックスして治療を受けてほしいときなどに、よい切り札になることもあります。

情報の把握と共有は、何より患者さんのためになることなのです。

あとがき

本書を最後までお読みいただきありがとうございました。

医療機関に特化したマーケティングコンサルタントの仕事を始めて15年が経過しました。当初はインターネット黎明期であり、集患方法でも例外でなく、看板、雑誌、電話帳などから、インターネットにシフトしていく様子をリアルに見てきました。

それに合わせて患者さんのニーズの多様化も進んできていると実感しています。

よく、「どうして医療機関に特化することになったのですか?」と聞かれるのですが、今になって考えると、どうやったら私が提供しているサービスを、お客様に見つけてもらえるかを日々研究したことが始まりだと思います。

それは、何かに特化することや、専門的なことでも分かりやすく伝えることなど、シンプルなマーケティング手法を自社サービスに取り入れ、その成功体験をお客様に実践していったのです。
いちばん最初のお客様は都内のクリニック様です。開業するに際して、インターネットを活用した患者さん集めでしたが、医療系特有の法律面やルールなども考慮し、変換していった結果、バンドウ式メソッドは完成しました。

いつも患者さんが絶えないクリニックがある反面、腕のいい先生がいるのになぜか不人気なクリニックもあるという状況を見てきました。人気のある、なしの差はどこにあるのか、それは、患者さんへの情報発信の量、そして開業にあたっての十分なマーケティング活動をしているかどうかという点にあります。

特にここ数年、パソコンやスマホの目覚ましい拡充によって、その重要性はこれまでの比ではありません。ホームページでの情報発信は今や必須事項と言っても過言ではないでしょう。

これまで、医療に携わる人の間では「マーケティング＝お金儲け」というイメージから、積極的に取り組むことはタブー視されてきました。しかしながら、あなたの力が必要な方に対し、「病気に苦しむ患者さんを救いたい」という医師としての大義を実現するためには、あなたの力が必要な患者さんに探してもらうための、マーケティング活動は欠かせないアイテムです。

本書では情報発信とマーケティングの重要性という面に重点を置いて解説してきました。バンドウ式メソッドを中心に、実際に成功されている医療機関様にもご協力いただき、どのような考えで経営をされているかわかりやすく解説しています。

これからクリニックを開業しようという医師の方、すでに開業はしたが集患に苦しんでいる医療経営者の方たちにとって、少しでも参考にしていただければ著者として、これにまさる喜びはありません。

多くのクリニックを見てきて、「医師は経済的にも豊かでなければならない」という考えを持つようになりました。ある意味、語弊のある表現かもしれませんが、なぜならば、経済的に豊かでない場合、精神衛生上も良くありません。

もしかすると、患者さんにとって、そのような精神状態の医師からの診察は受けたくないのではと思うようになったのです。医師は経済的に豊かで、精神的にも健全であることが第一条件で、そのためには貪欲に医療マーケティングに取り組むべきと考えます。

今後も医療マーケティングコンサルタントとしての使命と覚悟を持って、クリニック経営の方々への一助となる活動を続けていく所存です。

最後になりましたが、お忙しい中、取材にご協力くださいました先生方、スタッフの皆様、本書を刊行するに際しご協力、貴重なご助言、ご指導を賜りましたJディスカヴァーの城村典子氏、そして、難易度の高い施策でも成功に導く、我が社のプロジェクトチームのメンバーに御礼申し上げます。

またこれまで私を育ててくれた母に感謝の意を伝えたいと思います。

ありがとうございました。

株式会社バンラボ　代表取締役　坂東大樹

取材にご協力いただいた医院・クリニック

コムロ美容外科メンズクリニック
〒104-0061　東京都中央区銀座 1-6-8　DEAR GINZA8F
TEL0120-566-150　https://komuro-mens.jp/

不二歯科クリニック
〒196-0003　東京都昭島市松原町1-2-1　太陽こども病院 3F
TEL042-541-1735　https://fujishika.org/

シゲトウクリニック
〒601-8003　京都市南区東九条西山王町 11 番地　白川ビル II 7F
TEL0120-000-736　http://shigeto-cl.com/

齋藤シーサイド・レディースクリニック
〒807-0141　福岡県遠賀郡芦屋町大字山鹿 852-57
TEL093-701-8880　https://saitoivf.com/

マツモト歯科医院
〒146-0083　東京都大田区千鳥 1-10-5
TEL03-5700-1444　http://www.mtsika.com/

はるねクリニック銀座
〒104-0061　東京都中央区銀座 1-5-8 ギンザウィローアベニュービル 6F
TEL.03-5250-6850　https://haruneclinic.com/

帝京大学医学部附属病院・下部消化管外科
〒170-0003　東京都板橋区加賀 2-11-1
TEL03-3964-1211　https://teikyo-daicho.com/

大学通り武蔵野催眠クリニック
〒185-0012　東京都国分寺市本町 2-9-17　アスクムデルフィオーレ 1F 101号
TEL042-349-6223　https://kokubunji.clinic/

写真提供

・シゲトウクリニック
・大学通り武蔵野催眠クリニック
・コムロ美容外科メンズクリニック
・マツモト歯科医院
・齋藤シーサイド・レディースクリニック
・帝京大学医学部付属病院・下部外科消化管外科
・はるねクリニック銀座
・不二歯科クリニック
・坂東大樹

購入者特典（本書をご購入いただいた医療機関様対象）

特典1　バンドウ式ネット集患ガイドブック進呈（医療機関様対象）
年々厳しくなる医療法、医療広告ガイドラインに対応したインターネット集患の実践ガイドブックを特典としてご提供いたします。
集患対策をお考えの方や、これから開業をお考えの方などに最適です。

お申込みはこちら
PC はこちら→ URL　https://netclinic119.net/tokuten/
スマートフォンはこちら→

特典2　売上2倍アップさせるクリニック経営相談（医療機関様対象）
ご購入者に限り、集患対策のご相談を無料にて承ります。
ご相談内容に対し、著者の坂東大樹が、あなたのクリニックの集患戦略を考えます。

お申込みはこちら
PC はこちら→ URL　https://netclinic119.net/soudan/
スマートフォンはこちら→

バンドウ式　医療マーケティング支援のご案内

本書でご紹介したバンドウ式メソッドを、あなたとパートナーシップを組んで実践するサービスです。

バンドウ式　安定的集患を実現するための、
・医療専門ネット集患コンサルティング
・患者さん　に伝わるホームページの作成支援
・戦略的リスティング広告の運用支援
開業前の手続きから、集患コンサルティング、マーケティング支援まで、ワンストップでご提供。
あなたの専門チームを結成し、ご支援いたします。

ご相談はこちら
PC はこちら→ URL　https://netclinic119.net/
スマートフォンはこちら→

phone　050-6861-7166（全国対応）
info@netclinic119.com

坂東大樹（ばんどう　ひろき）

医療機関に特化したマーケティングのスペシャリスト。自身が患者としての経験から、「目を見て話さない」「感情が感じられない冷たい口調」など、患者さんとのコミュニケーション力の少ない医師が多いことに気付き、医療サービスに疑問を持つようになる。

以後、患者さんと医師をつなげる役割を担うため、医療に特化したマーケティング支援業を行っている。

2003年より、年間300本以上の広告物の作成で、反響広告の法則性を習得。その法則性を医療機関のマーケティングに応用し、これまで400医院のマーケティング、集患対策を支援。常に第一線で、クライアントのサポートを行っている。

医療業界のインターネットマーケティング黎明期から、いち早く、ネットとリアルを組み合わせたブランディング構築、患者さんが問い合わせるまでの導線づくり、集患対策などに取り組み、成功法則を導き出して経営改革を行っている。その独自手法は、「バンドウ式集患対策法」と言われ、医療機関の他、同業者にも影響を与える存在になっている。

現在、大学病院から、クリニック、美容外科クリニックのマーケティング支援に取り組み、院長にとって「頼りになる参謀」として日々活動している。

坂東大樹のフェイスブックページ
https://www.facebook.com/bando.hiroki

行列のできるクリニック

2018年3月6日　初版第1刷

著者　坂東大樹

発行人　松﨑義行
発行　みらいパブリッシング
東京都杉並区高円寺南4-26-5 YSビル3F 〒166-0003
TEL03-5913-8611　FAX03-5913-8011
http://miraipub.jp　E-mail : info@miraipub.jp
発売　星雲社
東京都文京区水道 1-3-30 〒112-0005
TEL03-3868-3275　FAX03-3868-6588
企画協力　Jディスカヴァー
編集　道倉重寿　鈴木洋子
装幀　堀川さゆり
印刷・製本　株式会社上野印刷所
落丁・乱丁本は弊社宛にお送りください。送料弊社負担でお取り替えいたします。

ISBN978-4-434-24332-5 C0034